2021年浙江省社科规划"高校思想政治工作研究"专项课题
"建党百年爱国主义教育话语的演变与实证研究"（21GXS2026）

网络思想政治教育理论与实务

WANGLUO SIXIANG ZHENGZHI JIAOYU
LILUN YU SHIWU

曾彩茹　著

陕西新华出版
陕西人民出版社

图书在版编目（CIP）数据

网络思想政治教育理论与实务／曾彩茹著. —西安：陕西人民出版社，2023.5
ISBN 978-7-224-14904-3

Ⅰ.①网… Ⅱ.①曾… Ⅲ.①互联网络—应用—高等学校—思想政治教育—研究—中国 Ⅳ.①G641-39

中国国家版本馆 CIP 数据核字（2023）第 067713 号

责任编辑：李　娜

网络思想政治教育理论与实务

作　　者	曾彩茹
出版发行	陕西人民出版社
	（西安市北大街 147 号　邮编：710003）
印　　刷	广东虎彩云印刷有限公司
开　　本	787 毫米×1092 毫米　1/16
印　　张	13.75 印张
字　　数	200 千字
版　　次	2023 年 5 月第 1 版
印　　次	2023 年 5 月第 1 次印刷
书　　号	ISBN 978-7-224-14904-3
定　　价	78.00 元

目录
Contents

导　论　/ 001

第一章　中国古代德育的借鉴和参考　/ 039

    第一节　中国古代德育的内涵和发展　/ 040

        一、中国古代德育研究的重要性　/ 040

        二、中国古代德育的源流发展　/ 044

    第二节　中国古代德育的内容、方法和原则　/ 048

        一、中国古代德育的内容构成　/ 048

        二、中国古代德育的方法　/ 071

        三、中国古代德育的特征　/ 073

    第三节　中国古代德育的借鉴与思考　/ 075

        一、涵养"礼"的规范，构建社会主义和谐社会　/ 076

        二、培育"忧患"的意识，构建人类命运共同体　/ 079

        三、践行"爱国"的情怀，贯穿国民教育和精神文明建设全过程/ 082

第二章　"互联网"时代的发展与沿革　/ 085

    第一节　"互联网"时代的到来　/ 085

        一、"互联网"的起源　/ 086

二、"互联网"的概念与特点　／090

　第二节　"互联网"时代的发展演变　／093

　　一、"互联网"的发展阶段　／093

　　二、"互联网"的社会历史地位　／095

　第三节　中国"互联网"社会的演进和变革　／101

　　一、中国"互联网"的发展阶段　／101

　　二、数读中国"互联网"的发展　／104

第三章　网络思想政治教育的发展　／115

　第一节　网络思想政治教育的发展历程　／115

　　一、入网适应阶段(1994—1999年)　／116

　　二、范式转换阶段(2000—2007年)　／118

　　三、融合拓展阶段(2008年至今)　／121

　第二节　网络思想政治教育的特征　／123

　　一、教育目的的政治性和隐蔽性　／123

　　二、教育主客体的平等性和虚拟性　／125

　　三、教育内容的开放性和丰富性　／126

　　四、教育方式的交互性和多样性　／127

　　五、教育过程的选择性和渗透性　／128

　　六、教育效果的实效性和广泛性　／129

　第三节　网络思想政治教育的内容　／129

　　一、网络思想教育　／130

　　二、网络政治教育　／131

　　三、网络道德教育　／132

　　四、网络心理教育　／135

第四节　网络思想政治教育的教育载体　/ 138

　　一、网络思想政治教育的课堂教育载体　/ 138

　　二、网络思想政治教育的课下教育载体　/ 140

第五节　网络思想政治教育的形成发展规律　/ 141

　　一、网络思想政治教育规律的内涵与特征　/ 142

　　二、深刻把握网络文化发展规律　/ 143

　　三、深刻把握网络环境下思想品德形成发展的基本规律　/ 144

　　四、深刻把握网络思想政治教育工作的基本规律　/ 146

第四章　网络思想政治教育的现实困境与应对之策　/ 149

第一节　网络思想政治教育的"圈层化"困境与应对之策　/ 149

　　一、网络"圈层化"概念与特点　/ 150

　　二、网络"圈层化"的消极影响　/ 157

　　三、网络"圈层化"的应对之策　/ 163

第二节　网络思想政治教育的"网络青年亚文化"困境与应对之策　/ 167

　　一、网络青年亚文化的发展现状与特点　/ 167

　　二、网络青年亚文化的消极影响　/ 173

　　三、应对网络青年亚文化消极影响的对策与建议　/ 177

第三节　网络思想政治教育话语的困境与应对之策　/ 182

　　一、网络思想政治教育话语面临的困境表现　/ 183

　　二、网络思想政治教育话语的建构与转型　/ 187

结　语　/ 193

参考文献　/ 199

导论

毛泽东指出："科学研究的区分，就是根据科学对象所具有的特殊的矛盾性。因此，对于某一现象的领域所特有的某一种矛盾的研究，就构成某一门学科的对象。"[①]思想政治教育自诞生起，伴随着社会的发展和变化，具有鲜明的时代性特征。通过思想政治教育，可以让人民群众在社会、人生、事业等方面树立正确的理想与奋斗目标。作为中国精神文明建设的首要内容，也是解决社会矛盾和问题的主要途径之一，在统一思想、确保正常的社会秩序上，有着突出的作用。

思想政治教育"研究如何以马克思主义为指导和根本教育内容，遵循人的思想政治品德形成发展规律去搞好思想理论教育、政治教育、道德教育，使人们运用马克思主义立场观点方法指导自己成人成才"[②]，而思想政治教育学科"在马克思主义理论研究和建设工程的实施进程中，国务院学位委员会和教育部于2005年12月印发了《关于调整增设马克思主义理论一级学科及所属二级学科的通知》，正式宣告马克思主义理论一级学科的设立。其中思想政治教育被确定为该一级学科所属的一个二级学科"[③]，从而在学科上明确了思想政治教育的定位，为扎实有效推进思想政治教育建设奠定了基础。

1994年互联网接入中国，无疑成为社会存在的重要组成部分之一，

---

① 毛泽东. 毛泽东选集第1卷[M]. 北京：人民出版社，1991：309.
② 张耀灿. 思想政治教育学科研究[M]. 北京：中国人民大学出版社，2017：119.
③ 张耀灿. 思想政治教育学科研究[M]. 北京：中国人民大学出版社，2017：122.

已经逐步渗透到人们生活的方方面面。随着网络信息技术的迅猛发展，互联网已经成为继广播、报刊和电视之后为人们所广泛接受的"第四媒体"，网络的触角几乎延伸到人类社会的每个角落，人类社会的生活方式将会是"数字化生存"。随着互联网的兴起，网络思想政治教育也就随之产生。

2017年10月18日，习近平同志在十九大报告中指出，要加强思想道德建设。人民有信仰，国家有力量，民族有希望，要提高人民思想觉悟、道德水准、文明素养，提高全社会文明程度。通过广泛开展理想信念教育，深化中国特色社会主义和中国梦宣传教育，弘扬民族精神和时代精神，加强爱国主义、集体主义、社会主义教育，引导人们树立正确的历史观、民族观、国家观、文化观。2019年3月18日习近平主持召开学校思想政治理论课教师座谈会时强调，"用新时代中国特色社会主义思想铸魂育人，贯彻党的教育方针落实立德树人根本任务"①，这是对新时代思想政治教育提出的总要求。网络思想政治教育作为互联网时代思想政治教育的重要延伸，是培养时代新人的关键环节。

本书将对网络思想政治教育开展系统研究和解读，分析其发展内涵、主客体关系、教育规律等，对社会的进步和发展，意识形态的塑造与加强，精神文明谱系的形成与巩固，具有重要的现实意义和价值影响。

一、研究的缘起与意义

"互联网+"时代，网络交往成为表达观念的重要载体，更是做好高校思想政治教育工作不可忽视的主阵地。网络思想政治教育作为学界的一个研究热点，是网络社会发展的客观要求，也是思想政治教育理论与实践发展的内在需求。

---

① 习近平：用新时代中国特色社会主义思想铸魂育人 贯彻党的教育方针落实立德树人根本任务[N].人民日报，2019-03-19(1).

（一）"互联网"社会的兴起增强了社会必然性

随着光电子技术、通信技术、网络技术、感测技术、控制技术、显示技术等各种现代信息技术的快速发展，"互联网+"以物联网、云计算、大数据等为时代特征，正以洪流之势，席卷着社会发展的方方面面、角角落落。互联网社会作为一种崭新的社会形态，与社会各领域深度融合，从而推动经济形态不断地发生演变，带动社会经济实体的生命力不断地改革创新，并将成果深度融合于政治、经济、科技、文化等社会各领域之中，提升全社会的创新力和生产力，形成更广泛的以互联网为基础设施和实现工具的发展新形态。

互联网时代的迅猛发展，高校思想政治教育工作更应该以积极的态度，针对互联网条件下高校学生思想动态新情况、新问题做出新思考。一方面，网络思想政治教育必须全面把握社会背景，梳理研究背景与意义，剖析国内外的文献资料和研究成果，分析网络思想政治教育的内涵、发展脉络等；另一方面，必须明确研究思路与方法，诠释剖析网络思想政治教育的教育规律、主客体关系、现实境遇以及优化路径。2017年2月中共中央、国务院印发的《关于加强和改进新形势下高校思想政治工作的意见》中指出，要"坚持改革创新。推进理念思路、内容形式、方法手段创新，增强工作时代感和实效性"，"要加强互联网思想政治工作载体建设，加强学生互动社区、主题教育网站、专业学术网站和'两微一端'建设，运用大学生喜欢的表达方式开展思想政治教育"，这为高校思想政治教育工作运用"互联网+"思维推进工作创新提供了根本遵循和具体指导。

CNNIC发布了第49次《中国互联网络发展状况统计报告》显示，截至2021年12月，我国网民规模达10.32亿，较2020年12月增长4296万，互联网普及率达73.0%，较2020年12月提升2.6个百分点。如图1所示，固定互联网宽带接入用户数由2017年的3.49亿户增加到2021

年的 5.36 亿户，相比较于 2017 年，增长幅度高达 68.03%。

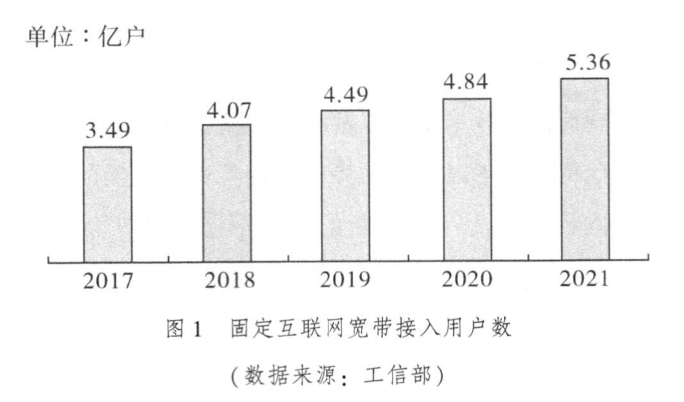

单位：亿户

图 1　固定互联网宽带接入用户数

（数据来源：工信部）

如图 2 所示，100Mbps 及以上固定互联网宽带接入用户占比，由 2017 年的 38.9%增加到了 2021 年的 93.0%。

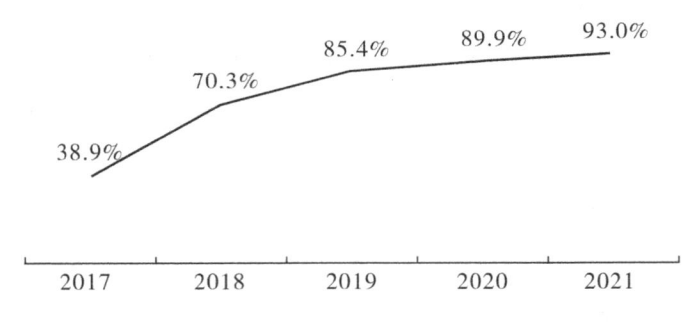

图 2　100Mbps 及以上固定互联网宽带接入用户占比

（数据来源：工信部）

如图 3 所示，2021 年我国城镇地区互联网普及率为 81.3%，较 2017 年提高了 10.3 个百分点，农村地区互联网普及率为 57.6%，较 2017 年提高了 22.2 个百分点。

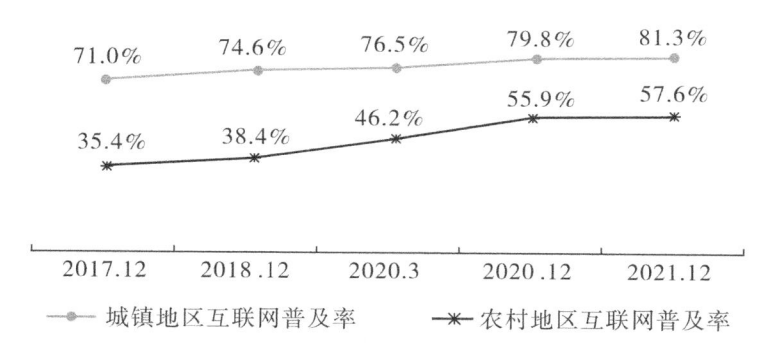

图 3　城乡地区互联网普及率

（数据来源：中国互联网发展状况统计调查）

诚然，互联网的飞速发展与多元化应用，塑造了全新的社会生活形态，海量的新闻、资讯、游戏和视听产品触屏可及，深刻地影响着大学生的生活方式和思想观念。当代青年大学生作为国家和社会发展的有生力量，其思想政治教育工作是意识形态工作的重要组成部分和关键一环。网络的发展和革新为这一群体提供了愈发开阔的语境表达之可能，具备与以往不同的时代特征以及心理状态。全球化的趋势以及西方多元文化的冲击，社会的多元结构亦可能会对当代大学生的思想意识形态和价值观念造成巨大影响。

2014年，习近平在同北京师范大学师生代表座谈时，就指出，要把今天的学生视为"未来实现中华民族伟大复兴中国梦的主力军"，强调要把这支主力军打造成"中华民族'梦之队'"[1]。为了打造这样一支中华民族"梦之队"，习近平强调："理想指引人生方向，信念决定事业成败。"[2]各级党组织要积极引导广大青少年"把理想信念建立在对科学理论的理性认同上，建立在对历史规律的正确认识上，建立在对基本国情的

---

[1] 习近平. 做党和人民满意的好老师——同北京师范大学师生代表座谈时的讲话[N]. 人民日报. 2014-09-10(02).

[2] 习近平. 在同各界优秀青年代表座谈时的讲话[N]. 人民日报. 2013-05-05.

准确把握上"①，不断坚定中国特色社会主义道路自信、理论自信、制度自信、文化自信。

大学生群体"网络化生存"现象日益普遍，在互联网空间中，善于接受新事物、传播新观念、开创新生活，对各种社会问题具有很强的敏感性，使得当前网络思想政治教育工作面对着全新的教育环境与教育对象，也提出了严峻挑战，"推动思想政治工作传统优势同信息技术高度融合，增强时代感和吸引力"，"要注重全方位贯穿、深层次融入，在落细、落小、落实上下功夫"②。"青年兴则国家兴，青年强则国家强"，高校思想政治教育工作"要运用新媒体新技术使工作活起来"，"推动思想政治工作传统优势同信息技术高度融合"。

（二）"互联网"社会的兴起增强了社会关注度

2001年，美国著名的社会思想家曼纽尔·卡斯特在其《网络社会的崛起》一书中描述了网络社会崛起所带来的社会结构及其运行方式变革。他深刻地指出："作为一种历史趋势，信息时代支配性功能与过程日益以网络组织起来。网络建构了我们社会的新社会形态，而网络化逻辑的扩散实质地改变了生产、经验、权力与文化过程中的操作和结果。"③在网络时代，可以说谁掌握了信息，谁就控制了网络，谁就拥有了整个世界。网络时代背景下，网络生存方式已经深深地融入高校大学生的学习和生活之中，成为不可或缺的重要组成部分，同时给高校大学生思想政治教育工作带来了冲击和挑战。网络传播的特性决定了其内容的复杂和多样性，这对思想意识还处在成熟期的青年大学生来说造成了巨大的影响。

---

① 习近平. 在同各界优秀青年代表座谈时的讲话[N]. 人民日报. 2013-05-05.
② 中共中央宣传部. 习近平新时代中国特色社会主义思想学习纲要[M]. 北京：学习出版社，2019：144.
③ 曼纽尔·卡斯特. 网络社会的崛起[M]. 夏铸九，等译. 北京：社会科学文献出版社，2001：569.

对于当今世界之格局,习近平认为"我国处于近代以来最好的发展时期,世界处于百年未有之大变局,两者同步交织、相互激荡"[①],这是关于世界转型过渡期的国际形势以及中国历史交汇期的外部环境的重要论断,这一重要论断是我们党立足中华民族伟大复兴战略全局,科学认识全球发展大势、深刻洞察世界格局变化而作出的重大判断,对于指导开启全面建设社会主义现代化国家新征程、夺取新时代中国特色社会主义新胜利,具有重大而深远的意义。

世界处于百年未有之大变局,2019年颁布的《新时代爱国主义教育实施纲要》强调,要结合青少年兴趣点和接受习惯,"唱响互联网爱国主义主旋律","让爱国主义充盈网络空间"。[②]

当今世界正经历新一轮大发展、大变革和大调整。特别要看到,2020年新冠疫情全球的大流行,是社会变化发展的新情况、新变量。一方面我们已经取得了社会主义建设的伟大成就,站在了实现中华民族伟大复兴的关键历史节点之上,全国上下团结一心,在以习近平同志为核心的党中央领导下,民族的自豪感、自信心以及爱国热情都空前高涨;另一方面我们必须清醒地认识到,基于对世界大势的敏锐洞察和深刻分析,认识这一"变局"的丰富内涵,牢牢把握变局给中华民族伟大复兴带来的重大机遇,是新时代开拓广阔发展空间、实现"两个一百年"奋斗目标的现实要求。在全球化、信息化、多元化的国际形势下,在各种思潮涌动、各类价值观纷争、各种主义泛滥的情况下,爱国主义"无疑"最具有号召力和凝聚力的价值公约数,可以极大地唤起各阶层、各民族、各职业群体的爱国热情,使其摒弃成见,包容差异,共同为实现中华民族伟大复兴的"中国梦"而努力奋斗[③],让中华民族团结一心,坚决维护祖

---

① 习近平. 在中央外事工作会议上强调坚持以新时代中国特色社会主义外交思想为指导努力开创中国特色大国外交新局面[N]. 人民日报,2018-06-24(1).
② 中共中央国务院印发新时代爱国主义教育实施纲要[J]. 思想政治工作研究,2019(12):8-13.
③ 赵华珺. 新时代中国爱国主义及其实践研究[D]. 长春:东北师范大学,2019:1.

国的统一和民族的团结。

(三)"互联网"社会的兴起增强了学理研究热度

互联网的发展,国内学界对于网络思想政治教育的研究也呈现了一波又一波的热情,研究成果丰硕,文献资料丰富。

在 CNKI 中国知网的数据库中,以"网络思想政治教育"作为篇名检索相关文献(检索日期为 2022 年 4 月 16 日),从 1986—2022 年间,共搜索到学术期刊 7214 篇文献,学位论文 739 篇,其中博士学位论文 32 篇,硕士学位论文 707 篇,会议 84 次,报纸 32 篇。

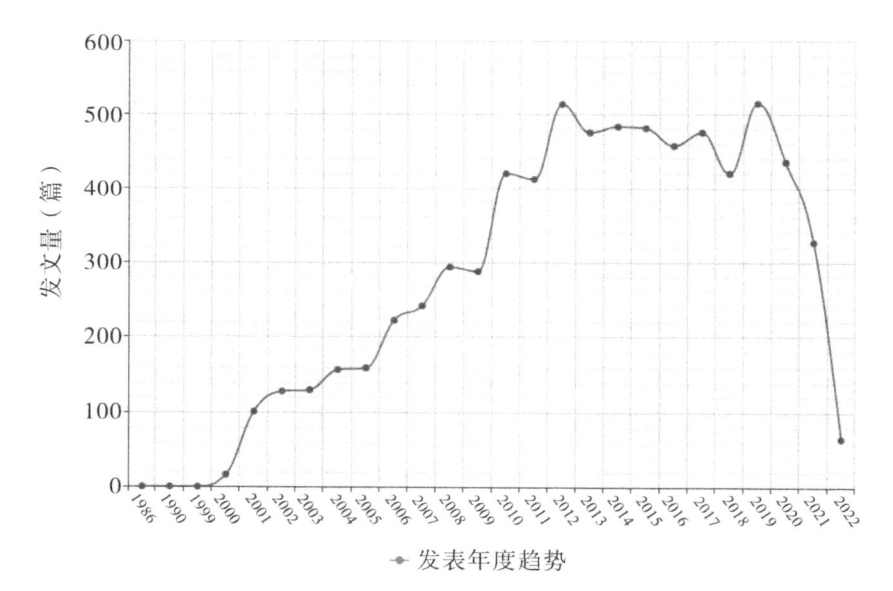

图 4　1986—2022 年 CNKI 数据库关于
"网络思想政治教育"文献发表年度趋势

通过文献发表年度总趋势图发现,在 1986—2022 年这 36 年时间里,"网络思想政治教育"的成果发布在 2001 年第一次突破了 100 篇,2006 年第一次突破 200 篇,2010 年则直接跨过 300 篇关口,达到了 420 篇,2019 年达到了发表的峰值 514 篇。学术期刊文章发布数量的节节攀升,也充分印证了伴随着互联网的不断发展进步，学理界对于"网络思想政治教育"学科的学术研究热情也在不断被激发。

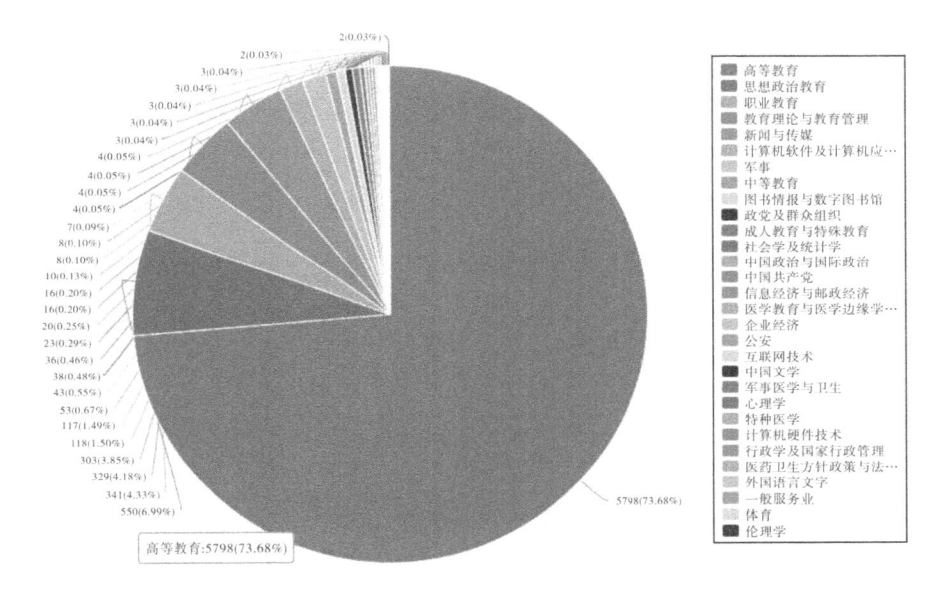

图5 "网络思想政治教育"研究文献的学科分布

从"网络思想政治教育"学术期刊涉及的学科分布可以看出，高等教育的学科分布占比为73.68%，呈现一骑绝尘之态势，而思想政治教育的学科占比以6.99%紧随其后，这两个学科总共占据学科分布的比例高达80%以上，远高于其他学科分布。可以明显看出，"网络思想政治教育"与"高等教育"以及"思想政治教育"两门学科紧密相依，互为学理支撑，这个规律也可以从图6"网络思想政治教育"的主题分布中得到充分印证。

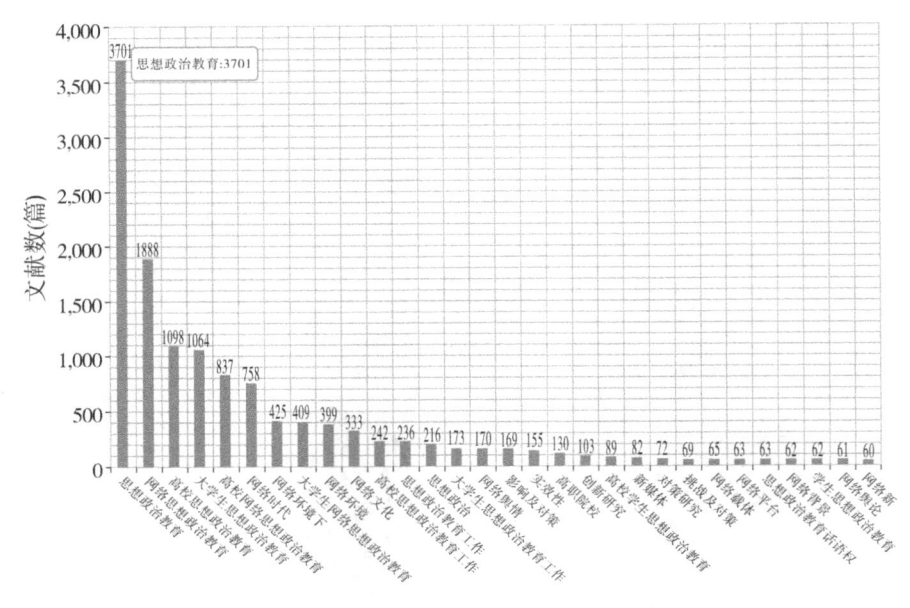

图 6 "网络思想政治教育"的主题分布

图 6 是关于"网络思想政治教育"的主题分布数据，从这些数据中可以充分看出，排名前五位的分别是思想政治教育、网络思想政治教育、高校思想政治教育、大学生思想政治教育以及高校网络思想政治教育，这些主题分布与"网络思想政治教育"密切相关，互为支撑，为开展"网络思想政治教育"研究丰富了学科主题内容，提供了大量的参考素材和文献指向。

二、系列研究成果

（一）国外的理论研究

从国外学界的研究来看，是没有"思想政治教育""网络思想政治教育"这样的学科概念，但相似功能的教育活动却是广泛存在的，一般表达为"网络伦理教育""网络心理教育""网络素养（信息素养）教育"等概念。

一般来说，国外对"网络思想政治教育"相关问题的研究主要集中在以下几个方面。

1. 系统研究网络社会运行过程

在《网络社会的崛起》一书中，美国著名社会思想家曼纽尔·卡斯特描述了网络社会崛起所带来的社会结构及其运行方式变革："作为一种历史趋势，信息时代支配性功能与过程日益以网络组织起来。网络建构了我们社会的新社会形态，而网络化逻辑的扩散实质地改变了生产、经验、权力与文化过程中的操作和结果。"①英国数据科学家维克托·迈尔-舍恩伯格于2012年发表了著名论著《大数据时代：生活、工作与思维的大变革》，介绍了大数据时代下社会运行方式所发生的部分重大变革，"不是随机样本，而是所有数据；不是精确性，而是混杂性；不是因果关系，而是相关关系"②，此时网络技术发展的影响已经从技术层面、社会组织方式层面，延伸到人的思想层面。除此之外，国外许多学者开始从中观层面、微观层面，探讨网络社会运行过程中的一些具体问题。

2. 系统研究网络伦理教育

广义上讲，网络伦理教育大体包括计算机伦理教育、信息伦理教育、互联网伦理教育等内容。从发展历程来看，网络伦理教育研究始终与网络伦理学研究交织在一起，后者作为前者的理论基础之一，不断推动网络伦理教育理论与实践的发展③。自人类社会信息技术革命发生以来，世界上许多国家，特别是西方欧美国家因为早期接触信息技术的优势所在，开始对计算机和互联网使用过程中的伦理道德问题进行了深入的思考与探索。20世纪40年代，美国应用数学家，控制论的创始人——诺伯特·维纳就着手探讨计算机伦理的一些问题。1978年，美国

---

① 曼纽尔·卡斯特. 网络社会的崛起[M]. 夏铸九，等译. 北京：社会科学文献出版社，2001：569.
② 维克托·迈尔-舍恩伯格，肯尼思·库克耶. 大数据时代：生活、工作与思维的大变革[M]. 盛杨燕，周涛，译. 杭州：浙江人民出版社，2013：2.
③ 翟中杰. 高校网络思想政治教育过程研究[D]. 西安：西北工业大学，2017：14.

应用伦理学家 W·迈纳出版了《A Starter Kit for Teaching Computer Ethics》（《创始者教授计算机伦理的资料》），开始触及计算机伦理的教育问题。之后一大批网络伦理学著作相继出版问世，如里查德·斯平内洛发表了《计算机网络伦理：计算机网络空间的道德与法律》，罗伯特·贝亚德出版了《计算机网络伦理学：计算机时代的社会与道德问题》。随着网络伦理学研究的逐步深入，网络伦理教育研究也得到了推动，越来越多学者开始对网络道德教育目标、教育内容、教育方法等问题进行系统、具体的探讨。例如，1994 年，佐治亚州工科大学的戴伯拉·约翰逊从课程教学的视角出发，提出计算机伦理课的教学目标是使学生意识到与利用计算机的责任相关联的伦理问题；在利用计算机和计算机专业实践中，提高学生对伦理问题的敏感性；对计算机改变社会的方式和使用计算机的社会环境，给予深层次的理解；在需要做出伦理决策或解决计算机技术对策方面可能产生的影响的情形中，提供理性工具并提高分析技能以解决如何做的问题。

3. 系统探讨网络心理问题

随着网络伦理学的研究深入，有另外一部分学者开始尝试从网民的伦理规范角度出发，探讨网民在网络活动中的心理状态。如威拉德（Willard）（2002）认为在在线活动中，人们会感觉到自己是匿名和隐身的，因此会认为自己不受实体社会中人际交往行为限制的约束，网络空间抽象的心理学特征合理化了不合伦理规范的行为。美国哥伦比亚大学夏因（2008）对 21 名研究生的研究发现网络活动会增强其自我意识，并同时削弱其公共意识或对他人的关心，这就会减少符合社会准则的行为出现的可能性。另一些学者则从心理学和医学层面对网络成瘾问题进行全方位的解读和探讨。如杨（Young K S.）（1999）界定了网络成瘾的概念并编制了"互联网成瘾的 8 项诊断标准"；戴维斯（Davis）（2001）认为"病态网络使用的认知—行为模型"是网络成瘾形成的原因和机制，在此基础上，提出了认知行为疗法的系统化干预方案。

4. 系统研究网络政治、青少年网络参政等

自20世纪90年代起，国外学者致力于网络政治问题的研究和探讨，主要涉及 Cyber politics（网络政治）、Virtual politics（虚拟政治）、Politics on the net（网上政治）、Politics of cyberspace（网络空间的政治）等概念。研究内容主要包括两方面：一是网络对政治的影响，主要研究网络对政治过程、政治生活和国际政治的影响。如怀纳·拉什（W. Rash）的《网络政治：使政治过程上网》(1997)，杰里·埃弗拉德（J. Everard）的《虚拟国家：互联网与民族国家的疆界》(1999)便是研究此类问题的代表性著作。二是网络空间中的政治问题，主要探讨网络空间的政治性质、网络治理、网络权力、网络空间中的政治参与等。如蒂姆·乔丹（T. Jordan）所著《网络权力：网络空间与互联网的文化与政治》(1999)，布赖恩·洛德（B. loader）的《网络空间的治理》(1999)均属于这类著作。特别需要指出的是，诸多国外学者对青少年群体的网络政治参与的条件、参与方式、参与内容、参与结果等问题展开深入研究，试图发现其中的内在规律以便加以引导。

（二）国外的社会实践

随着网络时代的到来，各国都越来越重视网络对青少年的影响。从学科上来说，国外其实没有专门的网络思想政治教育这个学科，但是这并不妨碍通过其他的途径和渠道开展意识形态教育，比如宗教教育、公民教育、道德教育等，这些同我国思想政治教育工作也具有同样的教育性质和工作职能。

1. 美国的公民教育

美国自建国以来，短短两百多年历史，实现从无到有、从小到大、从弱到强的转变，超越众多国家，屹立世界之巅，无论是在政治、经济、军事、文化、科技等方面，都拥有着重要的影响力和话语权。

美国作为世界上唯一的超级大国，就没有明确的"思想政治教育"

"思想政治工作"这一学科体系和概念界定，但是以其他教育形式的存在替代了这种教育的职责和功能。华盛顿在一次致合众国人民的演说中强调，不论出生或选择住在这个国家的公民，美国人这一名称必须永远凝聚应有的爱国主义自豪感，所以美国爱国主义教育目标明确，即培养符合社会要求的公民。

美国当代著名的国际政治理论家塞缪尔·亨廷顿出版了著作《我们是谁？——美国国家特性面临的挑战》一书指出，在爱国主义和忠于国家这一点上，美国人一向是出类拔萃的。面对来自国内外的对"美国特性""美国信念"的挑战，他大声疾呼要在美国进行包括加强移民同化、维护英语地位、强化"美国信念"、坚持"美国特性"等在内的爱国主义教育①。

美国一般把思想政治教育称为公民教育，通过公民教育来使美国人的公民意识不断增强，并且大量实质性思想政治工作是在公民教育、道德教育、情感教育、价值观教育、法治教育、历史教育、宗教教育、政治社会化等名义下进行的。作为世界上最早实施公民教育的国家之一，公民教育在美国整个民主制度的发展和进步过程中起到了非常重要的作用，是支撑美国民主政治发展和建设的重要基石。通过不断完善公民教育理念，丰富公民教育内容，拓展公民教育体系，美国培养了民众的国家精神、民主价值观念以及公民意识，发挥了重要的历史使命。

著名学者阿尔文·托夫勒在《预测与前提》中首次提出要进行信息政治或网络政治的研究，借助强大的网络资源在全球范围内推广霸权主义和强权政治，灌输美国特有的意识形态和文化价值理念。

2. 新加坡的"国家意识"教育

新加坡自1965年独立以来，面对来自不同移民、不同文化的影响，新加坡领导人认识到必须以各民族都能接受的方式进行民族精神和国家

---

① 冯丽鹏. 美国爱国主义研究[D]. 武汉：华中科技大学，2008：28.

意识教育，使人们认同这一新生的国家，自觉维护国家的利益，增强社会责任感。不论是来自中国还是印度、马来西亚，都要加强对新加坡的国家认同，淡出移出国的认同，让人们逐渐从心理上认同新加坡，为新加坡的建设和发展而奋斗，李光耀就曾多次强调。新加坡人不管本身来自哪里，比如中国、印度或是欧洲，都需要精诚团结，摒弃成见。

一直以来，新加坡政府注重凝结人们的向心力，重视培养公民的国家意识。什么是新加坡精神？这个概念最先由李显龙在国庆上提出，他表示新加坡精神体现于新加坡人共有的经历和价值观，以及共同的梦想。所谓"国家意识"就是人们对自己国家认同感和归属感，宋明顺等人认为国家意识是行为主体的个人与国家之间发生情感上的结合，在心理上认为我是国家的一部分。在新加坡，国家意识也就是一种新加坡国民独特的气质和精神，是一种与其他国家不同的核心价值观，它是一种巩固社会和政治制度的信念。新加坡是一个多民族组成的国家，所以十分重视新加坡人的"国家意识"的培养。

基于这样认识，1991年《共同价值观白皮书》应运而生，共同价值观包括"国家至上，社会为先；家庭为根，社会为本；社会关怀，尊重个人；协商共识，避免冲突；种族和谐，宗教宽容"。这一共同价值观的提出，实际以国家、家庭、社会、种族、宗教为核心，把和谐统一作为稳定国家安定社会的最高价值取向的一整套价值观。

3. 俄罗斯的"俄罗斯新思想"教育

苏联解体后，原有的国家意识形态被全盘否定，西方国家的精神价值谱系又对其造成了巨大的冲击和影响，俄罗斯民众无法找寻到"统一的社会意识"，处于"意识形态真空期"。俄罗斯政府认识到，爱国者不是天生的，必须注重教育和培养，没有有计划地落实和整体协调，没有物质和精神的结合，爱国主义教育的质量就无从谈起。

普京认为俄罗斯没有主导思想，"在宪法中也没有确保任何政治势力独大的条款。但我们需要共同找到某个能团结多民族俄罗斯的因素。

我认为，除了爱国主义之外，没有任何东西能够做到。"为了尽快寻找到"社会统一的价值观和思想倾向"，有效缓解社会精神危机、全面促进经济复苏、重振俄罗斯大国雄风，普京在就任之际提出了具有战略意义的"俄罗斯新思想"。"俄罗斯新思想"的提出，迅速、有效地回应了转型期俄罗斯社会的阶段性需求，成为爱国主义教育复兴与蓬勃发展的决定性根源，同时，也为当代爱国主义教育科学发展提供了坚实的思想基础。

当代俄罗斯爱国主义是一种社会情感，深刻反映了个体对祖国紧密依存的深厚感情，是个体对乡土、民族和文化的归属感、认同感和荣誉感的多维情感统一[①]。

为了强化国家机器的建设，增强民族的凝聚力和向心力，俄罗斯以国家意识形态建设为重点，以爱国主义教育为重要抓手，谋求爱国情感和民族情感的提升。俄罗斯专家认为，爱国主义与俄实现富民强国的梦想相辅相成，也是针对绝大多数人，容纳各种价值观、政治思想和文化差异的最大公约数。依靠爱国主义，聚合国家内部的正能量，是助力俄罗斯走出困境、重振实力的有效途径。

"俄罗斯新思想"的问世是具有时代性的判断，旗帜鲜明地为当代俄罗斯爱国主义教育搭建了可靠的思想基础，使其成为爱国主义教育强势回归的催化剂和推动剂，"只有培养社会公民形成正确的爱国意识、高尚的爱国情怀，才能促进广大人民群众形成富强国家的忧患意识，保证正确的国家主体观念，也才能使民族问题多元化、激烈化的社会现实得以改善，实现民族稳定及社会团结。"[②]

（三）国外的成功经验

如前所述，虽然国外没有专门的"网络思想政治教育"学科，但是多

---

① 雷蕾. 当代俄罗斯爱国主义教育研究[D]. 长春：东北师范大学，2016：24.
② 雷蕾. "俄罗斯新思想"背景下高校爱国主义教育研究[D]. 长春：东北师范大学，2011：12.

以其他公民教育、宗教教育、道德教育、情感教育等多元化教育途径，进行价值观引导和意识形态塑造，从中可以得出不少有益的参考和借鉴，如美国学者阿尔文·托夫勒在《预测与前提》中首次提出要进行信息政治或网络政治的研究，美国主要强调法制教育、责任教育和学生人格教育，同时借助强大的网络资源在全球范围内推广霸权主义和强权政治，灌输美国特有的意识形态和文化价值理念；法国提出《教育信息化发展方案》，积极发展信息安全技术，抵御不良信息的侵入，降低各种不利的影响来维护网络环境；日本在信息技术教育方面提出了"新百校计划"，保持对学生的课程设置的统一，非常重视道德教育的投资。

1. 切实加强对本民族文化的保护

民族文化是某一民族在长期共同生产生活实践中产生和创造出来的能够体现本民族特点的物质和精神财富总和，反映了该民族历史发展的水平。作为一个国家和民族的精神支柱，民族文化在教化民众，引导民众方面是社会的黏合剂。以美国为首的西方国家在利用其强大的网络技术优势，不断推行文化霸权主义，大搞强权政治，灌输其文化价值和意识形态。同时，美国以其天然的网络发展优势，从保护本国民族文化角度出发，推行对外文化渗透和浸润。同时西方各国也非常重视保护和发展自己国家的传统习俗、礼仪、语言和文化。

2. 不断加强对网民行为的规范

网络的发生和发展，不仅改变了人们的生活，同时也带来了伦理道德规范方面的挑战。面对这一趋势，西方国家通过加强法律建设来规范网民在互联网上的行为。美国颁布了网络安全法、信息公开法等大量法律制度，涉及国家安全、知识产权、个人隐私等多个方面。德国对于网络犯罪强调预防为主，成立了"信息和通信技术服务中心"。联邦刑警局随时跟踪，分析网络数据排查可疑情况。早在1996年，英国颁布了互联网安全法，保障网络安全，日本、法国也以法律明文规定的形式，加强对网络的监督和管理。

3. 加强技术与道德的结合

随着互联网的迅猛发展，各国也不断面临着网络暴力、犯罪带来的道德滑坡、色情泛滥等各种道德难题。为了应对挑战，世界各国采取了各种严密的措施，来应对网络上的各类问题，如设立防火墙，进行个人的数字签名等，同时为了提高学生的信息素养，还开设了专门的课程计划。哈佛麻省理工学院早在2001年就开始推广电子课本。

4. 树立正确的道德观

面对网络伦理道德问题日益严重的现象，各国通过净化网络道德，致力于构建网民正确的道德观念。韩国民间建立起了"信息通信伦理道德建设"，希望通过监控网络上不利于青少年身心健康的有害信息，达到净化网络环境的目的。美国计算机伦理协会就曾制定了著名的"计算机伦理十戒"，内容包括不应该用计算机去伤害别人等十个方面。

（四）国内相关研究成果

经过学界二十几年的研究，关于网络思想政治教育的相关著作、文献不断涌现，学术论著成果颇为丰硕，解读和研究视角呈现多元化特点，形成了相对完整的学术理论体系和研究框架，为网络思想政治教育研究奠定了扎实的学理基础和理论支撑。

1. 探讨网络思想政治教育的概念界定

关于"网络思想政治教育"概念的界定问题，学者也存在着不同的见解和主要观点。

刘梅首次提出"网络思想政治教育"[①]"是根据传播学原理和思想宣传的理论，利用计算机网络所进行的思想政治教育。其主要方式是在了解计算机网络和多媒体知识，掌握现代传播技术手段的基础上，通过制作、传播和控制网络信息，引导网民(或受众)在全面客观地接触信息的

---

① 刘梅．试论网络思想政治教育[J]．福建论坛(经济社会版)，2000(3)：50-52．

基础上，选择吸收正确的信息，从而达到思想政治教育目的"，认为"网络思想政治教育是思想政治教育适应现代科技发展的表现，它具有不同于传统思想政治教育的显著特点，是计算机网络和思想政治教育的联姻，是思想政治教育的一种现代方式"。基于互联网的发展，人类创造了网络，网络社会成为人类另一种时间和空间的存在样态，各种思想价值观念也如同潮水般涌入网络社会之中。基于这样的社会现实，她解释："网络社会不是思想政治教育的真空地带"，"网络社会现存的诸多网络行为问题需要思想政治教育来解决"，"网络社会是一个神奇的'虚拟'社会，也是一个问题多的'真实'社会。网络社会的诸种特征和问题呼唤着现代思想政治教育的直接介入。思想政治教育是研究人们的思想和行为问题的科学，理所应当将网络社会作为研究对象，既要研究网络社会与现实社会的关系，又要研究网络人的思想与行为，还要研究网络社会的政治与道德等问题"。

赵路指出，"所谓网络思想政治教育，就是利用网络的快捷性、交互性和多媒体等特性使思想政治教育网络化，也即通过建立因特网平台让上网的学生或更多的互联网用户'了解思想政治、认识思想政治、学习思想政治，并通过学习能在现实生活中合理地运用思想政治'"[①]，因此，"与传统思想政治教育相比，网络思想政治教育的内容更加丰富，方法更趋于多样化，手段更富于技术性、灵活性。它既汇集了大量的历史文化、档案资料、程序、教学软件、兴趣讨论组、新闻组等学习资源形成一个高度综合而又开放的资源库；又吸收了现代教育思想和方法形成一种新型的师生之间的双向教育；并依托网络技术手段发展为一种民主平等的管理方式与服务模式，使思想政治教育更具实效性，更具有渗透力。这种集教育、管理、服务、宣传于一体的新的运行模式构成了网络思想政治教育管理的基本内涵。"基于以上分析，他认为，"互联网在

---

① 赵路. 网络思想政治教育的内涵及其运用[J]. 江西行政学院学报，2004(S2)：27-28.

思想政治教育中的运用就是创建思想政治主题网站，是'思想政治教育提高时效性、扩大覆盖面、增强影响力'的过程"，"具体来说，就是通过一定的资金、技术和人员的投入，以网络信息技术作为思想政治教育的载体，充分放大网络的正面影响，抵消网络的负面影响，全面提高大学生素质，构筑一个方便学生选择和获得服务的网络平台的全过程"。

檀江林在《高校网络思想政治教育研究》一书中，认为"随着网络技术的发展，一个虚拟的人类生活新环境——网络环境应运而生，它对人们的生活方式、工作方式和思维方式都产生了深刻的影响，同时，也使思想政治教育的环境发生了巨大变化"[①]，"网络思想政治教育环境是相对于传统环境的一种新的思想政治教育环境"[②]，基于现代计算机信息网络基础的发展，因此"虚拟性是其最本质属性，此外，它还表现为开放性、自治性、平等交互性以及影响的深刻性等特点"[③]，由此他将网络思想政治教育环境界定为："人们利用计算机控制的输入——输出装置进行平等地交流、互动，从而对人们的思想、道德、行为和思想政治教育工作的开展产生广泛影响的虚拟环境。"[④]

韦吉锋认为"网络思想政治教育是指以认清网络本质和影响为前提，利用网络促使网民形成符合一定社会发展所需要的思想政治品德和信息素养的虚拟实践活动"[⑤]。基于互联网的存在，网络思想政治教育活动空间、主体和环境具有虚拟性，网络思想政治教育过程具有交互性和开放性，网络思想政治教育资源具有共享性、网络思想政治教育信息传输具有超越时空性和及时性等特点。

卢岚、徐志远、曾蔚认为"网络思想政治教育是相对于传统思想政

[①] 檀江林. 高校网络思想政治教育研究[M]. 合肥：合肥工业大学出版社，2007：128.
[②] 檀江林. 高校网络思想政治教育研究[M]. 合肥：合肥工业大学出版社，2007：129.
[③] 檀江林. 高校网络思想政治教育研究[M]. 合肥：合肥工业大学出版社，2007：129.
[④] 檀江林. 高校网络思想政治教育研究[M]. 合肥：合肥工业大学出版社，2007：129.
[⑤] 韦吉锋. 当议网络思想政治教育的特点[J]. 扬州大学学报（高教研究版），2004(1)：48-52.

治教育而言，传统的思想政治教育主要是采用报告会、演讲、上课、个别谈话、板报、广播、报纸等形式，通过诸如灌输式、访谈及传帮带等手段来教育、引导和帮助教育对象"①，基于这一分析视角，"网络思想政治教育是思想政治教育与网络技术相结合的产物，是传统思想政治教育运用现代科技手段创新发展的体现，是思想政治教育现代化的标志。它是根据传播学原理和人的思想政治品德形成和发展的规律，利用计算机互联网所开展的思想政治教育"。得益于现代科技手段的发展，"这种新型教育方式主要是采用网上聊天、网上咨询、电子网校、思想专线、两课论坛、热点探讨和疑难解答等形式，通过平等、开放、互动及个性化的信息传播和思想交流来培育、塑造和武装教育对象"。因此，网络思想政治教育具有教育者和受教育者在主体上的融合性、教育过程的互动性、施教范围的超时空性、教育情景的虚拟性和隐匿性等四个主要特点。从网络思想政治教育在思想政治教育过程中起着重大作用，网络思想政治教育能揭示思想政治教育学中某些规律，网络思想政治教育能为完备思想政治教育学科理论体系创造一定条件这三个纬度而言，网络思想政治教育应当提升为思想政治教育学的重要范畴。

杨立英认为"互联网作为一项影响深远的技术革命，带来了人类道德观念、行为方式、思维模式、价值追求等方面的变革，大大提高了社会生产力水平，促进了人的自由全面发展"②，"因此通过人开展思想政治教育，正确引导人们认识利用新技术，提升人们的素养与能力，开发人的各种潜能是网络思想政治教育的本质体现和时代使命"③。互联网与思想政治教育这两个层面因素的互相结合，给思想政治教育的发展提供了新动力、指明了新方向，实际上"网络思想政治教育是运用思想宣传的理论和传播学的原理，以互联网为载体开展教育的一种现代思想政

---

① 卢岚，徐志远，曾蔚. 网络思想政治教育：思想政治教育学的重要范畴[J]. 学术论坛，2006(10)：178-181.
② 杨立英. 网络思想政治教育论[M]. 北京：人民出版社，2003：65.
③ 杨立英. 网络思想政治教育论[M]. 北京：人民出版社，2003：65.

教育方式。它通过制作、传播和控制网络信息，引导网民（或受众）在全面客观地接触信息的基础上，有选择性地吸收正确的信息，从而达到思想政治教育的目的"①。但是网络思想政治教育与传统思想政治教育在教育对象、教育方法、教育规律等方面或多或少都存在些许差异和不同，但是很重要的一点是"不同于传统思想政治教育，网络思想政治教育有一个技术前提，即要了解计算机网络和多媒体知识，熟悉掌握现代传播技术"②，因此"网络思想政治教育是思想政治教育与互联网联姻的产物。在现代信息社会，网络思想政治教育的开展对于受众媒介素养的提高、自我潜能的开发，以及对于网络社会文明与健康的发展，都具有重要的时代意义"③。

　　黄超认为"网络思想政治教育作为网络环境下思想政治教育的一种新形态，是一定社会或社会组织、群体用一定的思想观念、政治观点、道德规范和网络素养要求，以现代信息网络为中介，以互动引导、建设管理、制度规范等为基本方式，对社会成员进行有目的、有计划、有组织的教育和影响，促进社会成员在教育活动中自主性的发挥和思想政治品德的自主建构，从而使社会成员形成符合一定社会或一定阶级所需要的思想政治品德的社会实践活动"④，"作为思想政治教育的一种新形态，网络思想政治教育具有思想政治教育的全部特性。由于网络媒体发展而带来的变化，又使得网络思想政治教育具有新媒体性的独有特性，同时在其他特性方面也呈现出不同于一般思想政治教育的状态"⑤，因而具有

---

① 杨立英．网络思想政治教育论［M］．北京：人民出版社，2003：66．
② 杨立英．网络思想政治教育论［M］．北京：人民出版社，2003：66．
③ 杨立英．网络思想政治教育论［M］．北京：人民出版社，2003：66．
④ 黄超．网络思想政治教育研究［M］．广州：世界图书出版广东有限公司，2011：53-54．
⑤ 黄超．网络思想政治教育研究［M］．广州：世界图书出版广东有限公司，2011：54．

"新媒体性"[①]"时代性"[②]"导向性"[③]"社会性"[④]"实践性"[⑤]等五个特点。

高健认为目前学界对于网络的界定,大致从"网络工具论""网络空间论""网络本质论"三个维度进行,"在界定网络思想政治教育的概念之前,首先要厘清'互联网''网民'等基本名词的特定含义,重新审视和把握网络社会与现实社会这对基本关系,以此趋向概念的科学性和规范性"[⑥]。从这个层面上说,网络思想政治教育可以理解为:"人类进入信息时代,网络影响下的社会、群体或个人基于网络或网络背景,有目的、有计划地对其受众施加一定的思想观念、政治观点、道德规范等方面的影响,使其在潜移默化中自主接受,从而形成符合一定社会、一定阶级所需要的思想品德的虚拟实践活动"[⑦]。网络思想政治教育作为信息时代的产物,也就具有了三个方面特征:教育目标的政治方向性、教育主客体的平等性与互动性、教育过程的对外开放性。

冯春芳、成长春将网络作为载体来定义网络思想政治教育,认为"网络思想政治教育是指通过一定阶级、政党、社会团体用一定的思想观念、政治观点、道德规范,通过现代传媒——计算机网络对其受众施加有目的、有计划、有组织的影响,使他们形成符合一定社会、一定阶级所需要的思想品德的社会实践"[⑧]。

国内的专家和学者从不同的研究角度、不同的理论视角,对网络思想政治教育的内涵给出了自己的解读和见解,为认识和把握网络思想政

---

① 黄超. 网络思想政治教育研究[M]. 广州:世界图书出版广东有限公司,2011:54.
② 黄超. 网络思想政治教育研究[M]. 广州:世界图书出版广东有限公司,2011:55.
③ 黄超. 网络思想政治教育研究[M]. 广州:世界图书出版广东有限公司,2011:56.
④ 黄超. 网络思想政治教育研究[M]. 广州:世界图书出版广东有限公司,2011:57.
⑤ 黄超. 网络思想政治教育研究[M]. 广州:世界图书出版广东有限公司,2011:58.
⑥ 高健,王美珍. 网络思想政治教育的内涵与特征探析[J]. 农业经济与科技,2021,32(3):315-316.
⑦ 高健,王美珍. 网络思想政治教育的内涵与特征探析[J]. 农业经济与科技,2021,32(3):315-316.
⑧ 冯春芳,成长春. 理解网络思想政治教育涵义的新视角[J]. 江淮论坛,2004(6):153-155,106.

治教育提供了很好的理论指导和借鉴，拓宽了研究的理论边界。

陈少平认为"网络思想政治教育，是网络与思想政治教育相结合的产物，是以互联网为媒介，对网络受众的思想观念、道德规范和信息素养施加影响使其符合一定社会发展需要的虚拟实践活动。"①

2. 探讨网络思想政治教育环境与影响

互联网的发展，网络社会的出现，社会发展环境的变化，这些是网络思想政治教育产生的根本所在，也是网络思想政治教育过程区别于传统思想政治教育的本质原因。学界对于网络思想政治教育环境的影响，进行了较为充分的探讨和研究。

檀江林认为"网络思想政治教育环境是相对于传统环境的一种新的思想政治教育环境"②，基于现代计算机信息网络基础的发展，因此"虚拟性是其最本质属性，此外，它还表现为开放性、自治性、平等交互性以及影响的深刻性等特点"③。基于网络环境对于思想政治教育活动所产生的影响，既有可能是积极的，也有可能是消极的，因此要从优化网络思想政治教育环境的角度出发，提高教育活动的实效性。由此，"网络思想政治教育环境优化的原则，包括方向性原则、科学性原则、实效性原则和整体性原则"④，以这些优化原则为依托，可以通过目标环境设定法、环境净化法、隐形教育法三种方法，展开网络思想政治教育的有益尝试，同时通过"推进网络法治进程，建设有序的网络教育环境"⑤，"加强网络道德建设，创造良好的网络道德环境"⑥，"建立网络监控体系，形成正确的网络政治环境"⑦，"强化网络舆论引导，营造健康的网

---

① 陈少平. 高校网络思想政治教育研究[M]. 北京：中国书籍出版社，2015：130.
② 檀江林. 高校网络思想政治教育研究[M]. 合肥：合肥工业大学出版社，2007：129.
③ 檀江林. 高校网络思想政治教育研究[M]. 合肥：合肥工业大学出版社，2007：129.
④ 檀江林. 高校网络思想政治教育研究[M]. 合肥：合肥工业大学出版社，2007：135.
⑤ 檀江林. 高校网络思想政治教育研究[M]. 合肥：合肥工业大学出版社，2007：139.
⑥ 檀江林. 高校网络思想政治教育研究[M]. 合肥：合肥工业大学出版社，2007：140.
⑦ 檀江林. 高校网络思想政治教育研究[M]. 合肥：合肥工业大学出版社，2007：141.

络舆论环境"①四个路径，综合运用网络思想政治教育环境优化的基本方法，优化教育环境，增强教育效果。为了"顺应网络时代发展的要求，我们必须正视网络舆论对传统思想政治教育的影响，采取有效措施优化网络舆论环境，积极引导网络舆论的方向，促进网络思想政治教育工作的顺利开展"②。

杨立英认为"人的思想道德品质的形成和发展，总会受到外界各种条件的制约和影响，作为人的思想道德和精神价值导向系统的思想政治教育，无时无刻不受外界环境的影响，而网络社会环境的复杂化，更加凸显了外在环境在思想政治教育中的重要性"③。网络思想政治教育环境的概念有广义和狭义之分。从广义层面看，它包括了现实社会中的思想政治教育环境的一切要素，同时还包括区别于现实思想政治教育环境的"网络虚拟环境"；从狭义层面看，它指存在于"'网络虚拟环境'中并对网络思想政治教育产生重大影响的一切具体因素"④，网络环境受数字化技术的影响，"一方面表现为是一个数字化技术支撑的'超越于现实社会'的'虚拟社会'，但另一方面，这一网络虚拟社会又与现实社会密切相连，网络社会与现实社会具有不可分割性"⑤，"与之相照应，网络社会思想政治教育环境应是指在网络的虚拟环境中围绕和影响网络思想政治教育这一系统的各种因素的总和，但这种处于网络虚拟环境中的因素并不是脱离现实社会因素，而正是对现实社会一切要素的反映和扩延"⑥。基于网络思想政治教育环境的不同组成，它所具有的作用也可以从三个层面得到体现：第一，网络虚拟环境影响着广大教育对象思想的形成和发展；第二，网络虚拟环境提供了网络思想政治教育的材料；第

---

① 檀江林. 高校网络思想政治教育研究[M]. 合肥：合肥工业大学出版社，2007：142.
② 檀江林. 高校网络思想政治教育研究[M]. 合肥：合肥工业大学出版社，2007：143.
③ 杨立英. 网络思想政治教育论[M]. 北京：人民出版社，2003：88.
④ 杨立英. 网络思想政治教育论[M]. 北京：人民出版社，2003：90.
⑤ 杨立英. 网络思想政治教育论[M]. 北京：人民出版社，2003：91.
⑥ 杨立英. 网络思想政治教育论[M]. 北京：人民出版社，2003：91.

三，网络虚拟环境影响网络思想政治教育的效果。

黄建平、杨直凡认为，网络思想政治教育环境由宏观、中观、微观三部分组成。宏观和中观层面的环境大致等同于杨立英在前面所介绍的网络思想政治教育环境的"广义"和"狭义"层面的内容，而"微观环境"则指"影响人的思想行为和网络思想政治教育活动的一个个具体的网络虚拟社区、网络虚拟空间"①。与此同时，他们从环境"对教育对象、教育活动以及二者之间关系协调处理方面"出发阐释了环境的作用，认为"环境主要表现为对教育对象的导向、塑造和规范作用，为教育活动提供条件、营造氛围和把握脉搏，以及促进教育对象与教育活动的协调融合"②。

张再兴在《网络思想政治教育研究》一书中从环境内部就网络思想政治教育的内容和影响进行更深层面的解构，指出网络思想政治教育面临着新环境，即"网络社会环境"，它可以从技术、社会和文化三个维度来理解。从技术维度看，"网络的基础技术构架和网络化逻辑对于网络社会的运行方式和人们的生活方式、思想意识形成了一种深层次的规制"；从社会维度看，网络"一方面使得一种新型的社会关系和结构的出现具有了可能性，另一方面使得某些处于社会边缘的特殊的社会结构走向社会中心地带"；从文化维度来看，"网络社会的思想政治教育环境不仅是一种技术和关系的存在，更是一种以人为主体的文化存在"③，总而言之，网络世界具有虚实二重性，两种属性间既对立又统一，如果虚实关系能够有效处理，则可以实现人的虚实和谐。

黄永宜认为网络思想政治教育环境"是指网络社会场域中对网络思想政治教育活动及其教育对象的思想品德形成和发展产生影响的一切外

---

① 黄建平，杨直凡.论网络思想政治教育环境的作用及优化[J].电子科技大学学报(社科版)，2007(2)：44-48.

② 黄建平，杨直凡.论网络思想政治教育环境的作用及优化[J].电子科技大学学报(社科版)，2007(2)：44-48.

③ 张再兴.网络思想政治教育研究[M].北京：经济科学出版社，2009：42-55.

部因素的总和。这种网络社会场域是基于信息网络技术的运用,通过人们生产、传播信息和从事社会交往活动而形成的虚拟实在社会场域,它是现实社会环境的延伸和拓展",能够"引起人们思想观念、社会心理、行为方式和生活方式的变化,从而影响网络思想政治教育的过程"①。

宋亚伟认为"所谓高校思想政治教育的网络环境,是指人们用计算机控制的输入—输出装置进行交往、互动而形成的对受教育者的思想、道德、行为和思想政治教育开展具有广泛影响力的环境。它是由计算机生成的维度,也是人们用计算机技术和虚拟现实技术创设出的一种可以交替更换的、三维视听的、虚拟的传播媒介环境。在这里,思想政治教育工作者和受教育者都可以在线参与并进行双向交流、信息交互,也可以用电子的方式开展各种思想政治教育活动。它具有虚拟性、交互性、高效性、开放性的特征"②。

吴满意等在《高校网络思想政治教育学研究》中专门讨论了"高校网络思想政治教育的环境"问题。他们认为,高校网络思想政治教育的环境主要是指高校师生员工通过校局域网络所直接接触到的,存在于信息消费主体周围,对影响其思想、道德、行为和思想政治教育活动开展具有广泛影响力的各种物质和精神氛围。高校网络思想政治教育环境根据其构成要素的物质性与否,可以分为硬环境和软环境两个方面。硬环境指的是物质条件因素,主要包括计算机、网线及辅助工具、技术等物质条件以及文字图像和各种网络法规、道德规范等有形因素;软环境指的是网络精神氛围,主要包括网络思想政治教育的决策者和执行者的思想政治教育理念、思想政治教育者的责任意识,网络本身的价值趋向,网络心理、网络思维及行为方式。

黄超认为"参照思想政治教育环境的一般概念,把网络思想政治教

---

① 黄永宜,刘莹,魏钢.论网络思想政治教育环境的涵义和特点[J].理论界,2011(5):196-199.

② 宋亚伟.论高校思想政治教育网络环境的优化[J].河南社会科学,2005(3):142-144.

育环境初步界定为：网络思想政治教育环境，是指环境围绕网络思想政治教育活动并对其产生重要影响的一切外部因素的总和，这种网络社会场域是基于信息网络技术的运用，通过人们生产、传播信息和从事社会交往活动而形成的虚拟实际社会场域，它是现实社会环境的延伸和拓展。"[1]对于这一定义，还需要着重从以下三个层面来解释说明：第一，网络思想政治教育环境是以网络思想政治教育实践活动为中心项，是影响网络思想政治教育过程的网络环境因素的总和；第二，网络思想政治教育环境是以网络技术架构为基础的，网络空间是一种由计算机生成的维度，正是信息网络技术发展所建构的全球的、互动的、多媒体的综合信息平台，为人类生存提供了新的可能的、潜在的空间或领域；第三，网络社会环境是现实社会环境的延伸和拓展。

3. 探讨网络思想政治教育的主客体以及相互关系

"在一个高度依存化、日益复杂化、越来越符号化的数字时代里，人与自然、物、人之间的边界变得模糊，甚至在消弭，更进一步，独立的、均质化的、'干净透亮'的主体已经(或者早已)被机器的齿轮、编码的程式、虚拟的空间，撕裂得七零八落。"[2]主客体关系是网络思想政治教育的基本范式和构成要素，对于网络思想政治教育的主客体研究，学界存在着不同的认知和理解。

骆郁廷认为网络思想政治教育就是为了实现一定的政治目的而利用网络有意识、有计划、有步骤地影响和改变人的思想和行为的教育活动，所以"在网络思想政治教育中，网络只是改变了思想政治教育主客体的存在方式及主客体相互作用的方式，并没有改变思想政治教育主客体存在的事实，网络思想政治教育仍然存在着思想政治教育的主体和客体"[3]。从实施过程来说，可以从四个视角对网络思想政治教育的主客体

---

[1] 黄超. 高校网络思想政治教育研究[M]. 广州：世界图书出版广东有限公司，2011：164-165.
[2] 段永朝. 互联网：碎片化生存[M]. 北京：中信出版社，2009：13.
[3] 骆郁廷. 论网络思想政治教育的主体与客体[J]. 马克思主义与现实，2016(2)：1-7.

区分。第一"是可以根据网络思想互动中主动和被动的情况进行划分。凡是在网络上主动发布思想信息引导和影响别人的,就是网络思想政治教育主体,凡是在网络上被动接受思想信息及其影响的,就是网络思想政治教育客体"①;第二"是根据网络思想互动中主导和从属的情况进行划分。凡是在网络思想互动中主导着互动的方向、议题、话语和进程的,就是网络思想政治教育主体。反之,凡是在网络思想互动中处于从属和依赖地位的,就是网络思想政治教育客体";第三"根据网络思想互动中影响深层和浅层情况进行划分。在网络思想政治教育互动关系中,互动双方给予对方的影响具有层次和程度上的差别……信息优势者往往成为主动引导网络舆论和人们思想行为的网络思想政治教育主体,信息弱势者则往往自觉不自觉地受到高层次、深度性、原创性的权威信息的思想影响,成为网络思想深度互动中的客体。"②

杨立英认为"面对着网络日趋复杂的新情况、新问题,如何切实加强和改进党的思想政治教育,增强其有效性,已愈益成为党的思想政治教育理论研究必须关注的重大课题。"③李辉指出:"虚拟空间调整了思想政治教育的主客体关系,改变了我国思想政治教育中客体依附主体的主从关系。"④网络思想政治教育的主客体关系是研究网络思想政治教育内容中重要一环,鉴于互联网这一外部环境因素的显著改变,与传统思想政治教育相比,网络思想政治教育主客体发生了变化,其相互关系也发生了相应的改变。

杨立英的观点与李辉是相似的,她认为"网络思想政治教育主体即网络思想政治教育活动的组织、实施与调控者"⑤。发端于互联网的发展,"建基于网络化生存的独特性及其对人的主体性的空前张扬,网络

---

① 骆郁廷.论网络思想政治教育的主体与客体[J].马克思主义研究与现实,2016(2):1-7.
② 骆郁廷.论网络思想政治教育的主体与客体[J].马克思主义研究与现实,2016(2):1-7.
③ 杨立英.网络思想政治教育论[M].北京:人民出版社,2003:349.
④ 李辉.现代思想政治教育环境研究[M].广州:广东人民出版社,2005:63-65.
⑤ 杨立英.网络思想政治教育论[M].北京:人民出版社,2003:349.

思想政治教育主客体必然表现出网络化境遇中的独特性质与趋势"。"其中的表现之一就是网络思想政治教育主体的'去主体化',亦即网络化境遇中,思想政治教育的承担者、发动者和实施者开展教育活动的主导性、支配性与控制性,在网络介体与环体中受到前所未有的冲击、挑战、弱化甚至消解。"与此同时,还表现为"教育客体'主体化'",即"在网络思想政治教育活动中,教育客体的'主动性'在主客体关系中甚至发挥到了'极致地位',对于网络思想政治教育'何以可能'、网络思想政治教育主体的主体性'是否实现'起着先决作用"①。

张再兴则指出:"网络空间中虚拟主体在交往实践的基础上形成了主体间意义上的新型的主客体关系"②,与以往的思想政治教育相比,这种新型的主客体关系具有"情境依赖性"和"动态建构性",并且网络思想政治教育主体与客体仍然具有客观存在性和一定的差异性。

宋元林在网络思想政治教育客体的内涵上提出不一样的看法,他指出网络思想政治教育的客体不是单一的,不仅教育者和受教育者互为客体,而且网络媒介、信息内容也可以成为客体。基于对网络思想政治教育主客体关系的转化过程的阐释,认为这一过程可以概括为以下三个方面:"1. 教育主体以'为我'方式建构的过程;2. 教育客体自主选择信息的过程;3. 主客体彼此不断接近的过程"③。

谭泽春认为网络思想政治教育主体就是指在网络空间中有目的、有计划、有步骤地推行和施加旨在影响和改变网民思想和行为的人,它主要分为个人主体和群体主体两大类;个人主体主要包括网络思想政治教育工作者、网络监管人员等;群体主体主要包括网络思想政治教育的主管部门、实施部门、监管部门、网络技术服务部门等网络思想政治教育实践活动的组织者、承担者和发动者。网络思想政治教育主体用哲学术

---

① 杨立英. 论网络思想政治教育的主客体关系特性与教育创新[J]. 思想理论教育导刊, 2005(11):60-65.
② 张再兴. 网络思想政治教育研究[M]. 北京:经济科学出版社, 2009:198.
③ 宋元林. 网络思想政治教育[M]. 北京:人民出版社, 2012:128-142.

语亦可表述为在网络思想政治教育实践活动中的实践者和行为者,它在网络思想政治教育对象性关系中居于主导地位,起着引领和深层影响作用,并在教育实践活动中彰显其浓厚鲜明的主体性。①

4. 探讨网络思想政治教育的教育原则、内容、方法等相关要素

网络思想政治教育过程从运行机制上说,和传统思想政治教育一样,具备一样完善的要素体系和组成,比如教育原则、教育内容、教育方法、教育目标等。国内许多学者也从众多不同的研究视角,解读网络思想政治教育过程中的这些要素,展开了多维度的探究。

在网络思想政治教育的目标方面,曾令辉认为网络思想政治教育根本目标,"就是以推进社会主义现代化和最终实现共产主义为根本宗旨,在加强和完善网络思想政治教育阵地建设,充分发挥思想政治教育信息在网络传播中的渗透、引导等作用的基础上,用马克思主义原理、共产主义信仰、社会主义思想、无产阶级情操、集体主义观念和爱国主义精神以及全世界各民族优秀的先进文化来陶冶、感染和培育广大网络受众"②。

在网络思想政治教育的原则、内容等方面,杨立英认为"在网络时代,思想政治教育存在的物质基础与生存环境,发生了很大的变化,网络思想政治教育的原则与传统思想政治教育的原则也有了发展变化"③,而网络思想政治教育要坚持四个原则:第一是坚持"三个面向"原则;第二是坚持"求实"原则;第三是坚持"主体性"原则;第四是坚持疏导与灌输相统一原则。只有这样"才能顺应网络发展潮流,增强网络社会思想政治教育的针对性。"④因此,网络思想政治教育的内容主要表现为三个方面:第一,弘扬共同理想,培育"四有"新人;第二,科学运用网络,

---

① 谭泽春. 网络思想政治教育的主体客体研究[D]. 武汉:武汉大学,2017:22.
② 曾令辉,邓军,陆慧. 网络思想政治教育概论[M]. 南宁:广西民族出版社,2002:193.
③ 杨立英. 网络思想政治教育论[M]. 北京:人民出版社,2003:174.
④ 杨立英. 网络思想政治教育论[M]. 北京:人民出版社,2003:174.

开展网络文化；第三，权衡网络，开展网络道德与心理健康教育。

黄超指出"网络思想政治教育方法运用的原则，贯穿于网络思想政治教育的实践活动和方法中，对这些实践活动和方法起着导向和规范作用"[①]，因为"从根本上看，网络思想政治教育是由于技术与工具变革所驱动的思想政治教育范式的转型，网络社会交往、网络文化生活所具有不同于现实物理空间社会生活的特性，使网络环境下思想政治教育过程各要素发生了重大变化"[②]，所以网络思想政治教育需要遵循"平等原则""民主原则""包容原则""以疏为主，疏堵结合的原则""透明原则""主动原则"以及"对话原则"。从网络思想政治教育内容上来看，他认为网络信息（舆论）安全观教育、网络信息传播规律教育、网络伦理教育、网络法制观教育、网络心理教育组成了网络思想政治教育的内容体系。

潘敏持有与之类似的观点，她认为新时期网络思想政治教育要坚持依法管理、科学管理、有效管理，综合运用法律、行政、经济、技术等手段，且加强大学生的网络思想政治教育，可以通过第一，综合管理，成立专门职能部门进行监管；第二，预防并举，建立信息化快速反应机制；第三，政策引导，支持重点网站做大做强；第四，完善立法，用法律为大学生打造健康网络空间；第五，开发技术，以科技手段应对科技发展带来的问题等几个维度，开展网络思想政治教育建设。[③]

宋元林从更为宏观的层面出发，提出内容体系构建的思路，即构建"以网络主体为中心的体系""以网络媒介为中心的体系""以网络思想政治教育内容为中心的体系"[④]。这些探索均在一定程度上拓展了研究的思路，但从总体来看，"内容"研究仍相对欠缺，没有形成明确而完整的

[①] 黄超.网络思想政治教育研究[M].广州：世界图书出版广东有限公司，2011：214-215.

[②] 黄超.网络思想政治教育研究[M].广州：世界图书出版广东有限公司，2011：215.

[③] 潘敏.高校网络思想政治教育创新与实践[M].北京：中国言实出版社，2007：30-37.

[④] 宋元林.构建网络思想政治教育内容体系[J].政工研究动态，2009(18)：16-18.

体系。

相比较于网络思想政治教育目标、教育内容以及教育原则等内容，网络思想政治教育方法的研究相对被更多涉猎，学者从不同的视角和层面对其进行分类。

杨立英指出"为了努力克服网络发展给思想政治教育带来的挑战与危机，必须充分利用网络发展给思想政治教育带来的机遇，做好新形势下的思想政治教育工作。必须采取'堵、防、建、疏、变'五种具体方法"[①]，在稍显现代的层面，还能以"利用 BBS""利用 E-mail""利用 OICQ"等多元途径进行思想政治教育。

杨直凡、胡树祥更有针对性说明了网络思想政治教育的方法，可以通过"'眼睛对屏幕'的信息获取方法、'思路对问题'的教育指导方法和'键对键''心对心'的沟通交流方法"[②]。

曾令辉认为"原则方法、具体方法和操作方法共同构成网络思想政治教育方法体系"，提出了"科学性与方向性相结合、虚拟性与现实性相结合、主体性与主导性相结合、主动传播与引导选择相结合、网上服务与网上教育相合、解决网络问题与解决现实问题相结合"的六大网络思想政治教育原则和方法[③]。

三、研究框架与研究方法

互联网时代的到来重构了社会存在，从根本上动摇了思想政治教育的建筑根基。在当今社会思想意识多元多样、信息传播媒介和传播方式发生深刻变化的背景下，互联网的发展给思想政治教育既带来了良好契机，也带来了新的挑战。如何进一步加强网络思想政治教育，增强工作

---

① 杨立英．网络思想政治教育论[M]．北京：人民出版社，2003：277．
② 杨直凡，胡树祥．网络思想政治教育方法的构建与创新[J]．思想理论教育导刊，2007(7)：35-39，42．
③ 曾令辉．网络思想政治教育方法研究——论网络思想政治教育方法内涵及其体系构建[J]．广西师范学院学报（哲学社会科学版），2011，32(2)：85-88．

的主动性、针对性、实效性，是值得思考的一个重要课题。

本书通过深入剖析互联网背景下，网络思想政治教育的内涵概念和发展演变，探究其主客体关系以及教育规律，从而构建网络思想政治教育发展的思路，对凝聚民族情感、抵御西方意识形态渗透有重要的理论和实践意义。

（一）研究框架

本书通过导论、四个章节以及结论展开论述：导论部分主要剖析了相关研究成果；第一章解读了中国古代德育的借鉴和思考；第二章诠释"互联网"时代的发展与沿革；第三章分析了网络思想政治教育的内涵、发展以及特征；第四章梳理"互联网"时代下网络思想政治教育的现实困境以及应对之策；结语部分总结了本书的研究思路，展望网络思想政治教育的未来发展愿景。

导论阐述了研究的意义与目的，对本研究的缘起、研究现状以及研究方法加以梳理，通过文献解读等方式，诠释相关概念和内涵，实现理论观点澄清与整合。

第一章解读中国古代德育的借鉴和思考，剖析了中国古代德育的内涵和发展，介绍了其内容、方法和原则，其中积极的内容和因素可以为中国现代德育建设和发展所借鉴和参考。

第二章解读"互联网"时代的发展与沿革，剖析"互联网"的时代发展特征、发展阶段，中国接入互联网之后呈现的迅猛之势，为网络思想政治教育的发展奠定了技术条件和现实基础。

第三章研究网络思想政治教育的发展与沿革，以网络思想政治教育的内涵为切入点，解读其发展历程、特征、内容、教育载体以及形成发展规律，构建起了多维度的研究范式。

第四章梳理"互联网"时代下网络思想政治教育的现实困境以及应对

之策。从网络思想政治教育的"圈层化"困境、"网络青年亚文化"困境、教育话语困境三个层面出发，寻找优化路径，化解困境和问题。

结语部分则是再次梳理总结了本书的研究路径和思路，对未来学科的走向和发展进行了愿景展望。

（二）研究方法

针对网络思想政治教育研究，要做到系统、多维而又全面的分析和解读，需要采取不同的研究方法，主要表现为以下四种研究方法：

1. 文献分析法

文献分析法是指通过对收集到的某方面的文献资料进行研究，以探明研究对象的性质和状况，并从中引出自己观点的分析方法。开展文献分析的主要目的就是要形成对研究对象的一般印象，以便弄清文献在"讲什么"，从而给出检索标识。在这个过程中，开展文献分析不需要和其中的人或者事发生直接接触，因此也属于是非接触研究的方法。文献分析法主要是对查询到的档案资料、个人的日记笔记以及其他书籍刊物和资料进行分析研究。

文献分析法的优点在于分析成本较低，工作效率高；能够为进一步工作分析提供基础资料、信息。其缺点在于收集到的信息不够全面，要与其他工作分析方法结合起来使用。

为了能够充分研究、剖析网络思想政治教育的内涵、特征、主客体关系、教育规律等问题，在对国外、国内学界相关学术论文以及现有的论著材料进行了大量阅读的基础上，通过对网络思想政治教育文献材料的分析，可以明晰研究现状，剖析痛点难点，诠释革新路径和范式。

2. 文本分析法

文本分析法是一种基于研究需要，通过对文字、符号、图形、音视频内容的分析，以及对作者语言表达的比较、分析、综合、提取和评论的研究方法[1]，主要是文本挖掘、信息检索的一个基本问题，它把从文本中抽取出的特征词进行量化来表示文本信息。文本(text)与讯息(message)的意义大致相同，指的是由一定的符号或符码组成的信息结构体，这种结构体可采用不同的表现形态，如语言的、文字的、影像的等等。文本是由特定的人制作的，文本的语义不可避免地会反映人的特定立场、观点、价值和利益。因此，由文本内容分析，可以推断文本提供者的意图和目的。

文本分析法里面对于特征的提取方法，常见的主要有四种：

(1)用映射或变换的方法把原始特征变换为较少的新特征；

(2)从原始特征中挑选出一些最具代表性的特征；

(3)根据专家的知识挑选最有影响的特征；

(4)用数学的方法进行选取，找出最具分类信息的特征，这种方法是一种比较精确的方法，人为因素的干扰较少，尤其适合于文本自动分类挖掘系统的应用。

随着网络知识组织、人工智能等学科的发展，文本特征提取将向着数字化、智能化、语义化的方向深入发展，在社会知识管理方面发挥更大作用。

3. 比较分析法

比较分析法又称为对比法或对比分析法，是通过实际数与参数之间的对比，来提示实际数与参数之间的差异，借以了解相关活动情况的一种分析方法。在科学探究活动中，常常用到比较分析法，这种分析法与等效替代法相似，主要用来分析某些特定事物的异同点，在一定的标准范围内把事物之间的联系搭建起来。在研究方法中，能够确定事物异同关系的思维过程和方法就是比较分析法了。

比较分析法中又包含了归纳对比法、自觉对比法、优序对比法等。

---

[1] 李佳音，郭锦辉，文本分析法在教育研究中的应用[J]. 国际公关，2019(8)：102.

本书通过对网络思想政治教育中一些要素的对比分析，如网络思想政治教育主客体、主客体关系与传统思想政治教育对主体与客体边界不同的界定和分析，通过认真比对和系统梳理，尝试对网络环境下主客体的新特征和主客关系的新变化有一个更为全面的把握和认识。以对比研究学的理性视角，回答和解决网络思想政治教育的优化之道、解决之策，实现网络思想政治教育的健康、有序、平稳发展，推进网络思想政治教育话语权的突破和创新。

4. 系统研究法

本书将网络思想政治教育作为一个整体系统，以系统论的角度对网络思想政治教育展开全面深入的研究，而非局限于网络思想政治教育的某一个点或某一层面。具体操作方法是首先以网络思想政治教育的基本概念分析为切入点，进而对网络思想政治教育的相关理论依据和基本特征进行了追根溯源和系统分析，再通过对网络思想政治教育发展趋势、教育规律、教育主客体以及相互关系的一系列论述，探寻和系统构建网络思想政治教育的路径优化，突破信息异化与技术异化的藩篱，实现网络思想政治教育理性价值的澄明，筑牢网络思想政治教育的价值根基。

第一章
中国古代德育的借鉴和参考

教育事业作为国家发展的基石,事关民族兴旺、人民福祉和国家未来,更是涉及千家万户。人类社会发展的历史长河中,重视德育是人类从蒙昧走向文明的重要标志,是现代社会发展的必然趋势。

"德育是教育者根据一定的社会和受教育者的需要,遵循品德形成的规律,采用言教、身教等有效手段,在受教育者的自觉参与的互动中,通过内化和外化,发展受教育者的思想、政治、法制和道德几方面素质的系统活动过程。"[①]德育作为教育事业的重要组成部分,一直以来也得到了教育各界的广泛关注。

世界上的各个民族、各个国家出于德育的发展和需要,从本民族、本国实际出发,创造了特色鲜明的德育理论,开展了形式不一的德育实践活动,这些都是人类历史发展过程中的灿烂瑰宝,对人类的进步和发展发挥着重要作用。

"不忘历史才能开辟未来,善于继承才能善于创新。优秀传统文化是一个国家、一个民族传承和发展的根本,如果丢掉了,就割断了精神命脉。"[②]中华民族五千年的历史文明源远流长,积累了一笔璀璨而宝贵的精神财富。在中国古代教育中,德育是一个备受关注的话题,是统治阶级开展社会治理的重要手段。比如,孔融让梨的故事教育人们凡事应

---

① 段亚玲.中国古代德育思想及其现代价值[D].长春:东北师范大学,2005:1.
② 习近平.在纪念孔子诞辰2565周年国际学术研讨会暨国际儒学联合会第五届会员大会开幕会上的讲话[N].人民日报,2014-09-25(2).

该遵守公序良俗；卧冰求鲤、扇枕温席、哭竹生笋等故事倡导百善孝为先，要敬爱并孝敬长辈。无数鲜活的事例集合在一起成为我国古代道德教育的经典，流传至今构成了中华民族的传统美德。

中国传统德育思想体系中包含着丰富的内容和元素，对中国古代具有代表性的德育思想和德育实践进行研究，能够提供不少有益的借鉴和帮助。

第一节　中国古代德育的内涵和发展

早在《周易》中就有记载，"天行健，君子以自强不息；地势坤，君子以厚德载物。"这句话意思可以理解为天的运行康泰良好，君子应该效仿天而自强不息，地的形势取法坤相，君子应该效仿地而厚德载物，教育人们可以效法天地，自强不息，同时也要心胸宽广、品德高尚。

中国是世界上最早发展教育的国家之一，至今已经有四五千年的历史。在这几千年的历史中，产生了许多伟大的教育思想家，他们的教育思想里蕴含了丰富的德育内容和元素，构成了德育思想及相应体系，这些德育思想反映了各自不同历史时期的精神风貌和教育特色，构成了中华民族宝贵的精神财富。

一、中国古代德育研究的重要性

（一）"德"的内涵

中国是四大文明古国，有五千年的悠久历史，积累了深厚的文化底蕴，堪称人类文明的瑰宝。中国古代德育思想内容丰富，体系庞大，是一套成熟的理论体系，无数学者通过实践和努力，形成了丰沛的德育成果，组成了中国古代德育恢宏的历史画卷，在人类文明进步史上熠熠生辉。

通过对中国古代德育进行认真研究，系统梳理，取其精华、弃其糟粕，有利于继承和弘扬中华民族传统美德，有利于加强和改进现代社会的德育工作，有利于推动社会主义精神文明建设。

对于"德"字而言，里面包含着多层的含义，比如品德、品格、德性、德行、道德等。中国古代历史在殷商时期，"德"的观念便已经产生，此时它最初的含义是"正直"，代表着奴隶主阶级的一种统治意识。到了西周的时候，"德"通过与政治和宗教伦理相结合，内涵发生了演进和转化。站在政治角度上来考量，"德"兼有"得"的含义，标志着奴隶主阶级对奴隶阶级、对社会财富的普遍占有和统治，因此体现的是一种社会等级和地位。以周朝典礼制度的设立而言，其根本就是希望用礼乐制度来规范天下。

伴随着"德"的内涵丰富和发展，奴隶主阶级对"德"意识形态的作用开始高度重视，将其放置到了治国方略的位置，强调统治阶级要以德政、仁政的实施，体察民众的疾苦，只有这样，才能赢得民心，达到社会稳定的目的。

到了先秦时期，经过了历代思想家的完善和丰富之后，"德"逐渐具备了普遍的、内在的、政治的和道德的含义。从人性的意义上来解读，"德"是伦理关系中所呈现出来的一种品德和境界，是对人们的行为和欲望的节制和约束，是人们所要恪守的社会道德和行为准则；从政治的意义上解读，"德"是一种治国方略，它的理念是政策，是为了达到社会治理的大同与和谐。

（二）中国古代德育的内涵

从中国古代历史进程而言，德育的产生、进步和发展一个非常重要的前提便是"德"概念的产生和内涵的获得，这是人类进入文明社会所必然兴起的一种社会现象和教育现象。

学界对于中国古代德育内涵的解读，可谓是仁者见仁智者见智。罗志佳、沙风认为"中国古代的思想家的话语方式及表达体系是豪散式的，他们所论之德育包括政治教育、道德教育以及思想教育。在中国古代来说，所谓的'德育'指的是包含政治、道德、思想在内的'大德育'"①。

贾东水、李素莲、申成川则指出"中国古代道德教育，也称德教，是指社会对其成员的道德知识、道德品质、道德信念、道德情操、道德行为、道德境界等诸多方面施加系统的影响，使之自觉地遵守道德行为准则，履行自己对社会和他人应尽的道德义务。"②

段亚玲则将中国古代德育理解为一种教育文化，"中国古代德育是一种典型的、具有人文主义色彩的教育文化。从德育目标上看，它以做人为德育的首要目的；从德育内容上看，古代德育一直注重教人以德行与智慧，而不只是单纯的知识。这种传统造就了中国古代德育文化的发达，道德教化成为古代教育的主要甚至全部内容，整个教育被归结为德育的意向"③，这也符合"大学之道，在明明德，在亲民，在止于至善"的社会判断。

（三）开展中国古代德育研究的重要性和必然性

中国社会德育的现代化进程源于中国古代德育的发展和演进，二者存在着千丝万缕的联系。现代德育的进步绝不意味着与古代德育传统的决裂，现代德育既蕴含着历史性的传承，又体现了鲜明的时代需求，是历史性和时代性的天然统一与完美融合。

1. 中国现代德育的发展要承前

从历史性层面而言，历史是一个民族发展的根基和命脉，珍视历史所涵养的经验和智慧，是现代德育发展的重要原则。

---

① 罗志佳，沙风. 比较意义上中西古代德育理论之双向变奏[J]. 辽宁行政学院学报，2014，16(2)：89-91.

② 贾东水，李素莲，申成川. 中国古代德育观浅见[J]. 煤炭高等教育，2000(3)：52-55.

③ 段亚玲. 中国古代德育思想及其现代价值[D]. 长春：东北师范大学，2005：3.

中国现代社会的德育发端于古代德育，集成了几千年的深厚积累和厚重积淀。中国古代德育思想作为中华民族精神文化的重要组成之一，是激励民族发展、国家进步的精神良方，是被社会所不断实践和证明的治理良策。现代社会德育体系的组织和建构如果脱离了历史性的依托和支撑，就会成为无根之木，无源之水，从而失去生存和维系的根基，失去灿烂鲜活的生命力。

中国历代著名思想家、教育家从历史发展的现实出发，提出了富有建树的理论见解，创立了相对完善的理论体系，积累了丰富的实践经验。毫无疑问，这是我国德育发展历史的丰硕成果，是一笔巨大的精神财富。现代德育发展的未来是历史的可能和延伸，通过承前来总结历史，解读历史，才能更好地理解现在和把握未来。

2. 中国现代德育发展更要启后

"革故鼎新、与时俱进是中华文明永恒的精神气质。"[①]从时代性层面而言，中国现代德育的发展不能僵化而教条，保持一成不变。历史的发展，时代的进步，让德育的内涵也在不断变化，现代德育体系构建被不断赋予新要求、新使命，注入了新鲜的血液，焕发出了全新的生命力，是新时代的产物。

历史是最好的教科书，最权威的宝典，最巨大的宝藏。新的时代，以史为鉴，才能更好前进和发展。世界发展的历史潮流，意味着现代德育的发展更要启后，才能与时俱进，推陈出新，以适应时代的剧变。"当今世界，人类文明无论在物质还是精神方面都取得了巨大进步，特别是物质的极大丰富是古代世界完全不能想象的。同时，当代人类也面临着许多突出的难题，比如，贫富差距持续扩大，物欲追求奢华无度，个人主义恶性膨胀，社会诚信不断消减，伦理道德每况愈下，人与自然关系日趋紧张，等等。要解决这些难题，不仅需要运用人类今天发现和

---

① 习近平. 深化文明交流互鉴 共建亚洲命运共同体——在亚洲文明对话大会开幕式上的主旨演讲[N]. 人民日报，2019-05-16(2).

发展的智慧和力量，而且需要运用人类历史上积累和储存的智慧和力量。"①

世界政治、经济、文化、科技等多元因素的影响，让国民价值观念备受冲击。各方因素的综合作用，要求现代德育要进行不断巩固和塑造，进一步适应新时代的发展需要，才能进一步筑牢各族人民的价值基础，才能进一步注入中华民族复兴发展的不竭动力。

二、中国古代德育的源流发展

中国古代德育思想的源流发展是个漫长的历史过程，涵盖了政治、伦理、道德、教育等多样元素，是一种系统的理论存在。古代德育以"德"的观念之发端作为起点，经由几千年的发展之后，形成了异常发达的德育传统，以至于中国整个古代教育都蕴含着德育的意向，从而对中国古代历史的发展形成了持久和深远的影响。

中国传统德育思想的起源是一个漫长的历史发展过程。距今约五千年的三皇五帝时代是中国古代德育思想的萌芽期；尧舜时代是中国古代德育思想的发端期；夏商周时代特别是东周末年的春秋战国时期是中国古代德育思想的形成时期。

（一）夏商周三代——古代"德育"思想的起源

中国古代德育思想的起源，可以追溯到尧舜禹时代。众所周知，中国古代氏族部落在推选部落首领时，看重的不是血缘关系，而是重在"贤能"，因此重德的精神从此时就已经存在了，并在未来几千年的历史发展进程中不断被传承和延续。

在《史记》之中，司马迁提到了一个词——"修德振兵"，这也意味着在远古时代，就有了德育思想的萌发。约公元前2070年，禹建立了夏

---

① 习近平. 在纪念孔子诞辰2565周年国际学术研讨会暨国际儒学联合会第五届会员大会开幕会上的讲话[N]. 人民日报，2014-09-25(2).

朝，这也是中国史书有记载的第一个世袭制朝代。夏朝的建立，虽然打破了一直以来奉行的"贤能"推举原则，转而变成以血缘关系为纽带，但是从夏朝一直持续到商朝、周朝三代的奴隶制社会中，德育在社会中发挥了越来越重要的作用，也成为治理国家的方略选择，例如《史记·儒林列传》所载，"闻三代之道，乡里有教，夏曰校，殷曰序，周曰庠。"

以西周为例，周公姬旦作为开国元勋，杰出的政治家、军事家、思想家、教育家，就明确提出一系列的道德规范，如"敬天保民""明德慎罚"等，将道德教育与政治实践相结合，以激励君主不断提高自身修养，从而"顺天应民""国顺民富"。以远古到殷商时的礼制和音乐为蓝本，周公制定了一整套完备的、系统的社会典章制度和行为规范，内容涵盖政治、教育、信仰等各个领域，最终形成了"郁郁乎文哉"的礼乐文化，而统治阶级也是根据周礼在其统辖范围内全面推行礼乐之治。

（二）春秋战国时期——古代"德育"思想的形成

西周末期，由于不断受到外族的侵扰，而王室内部之间各阶级的矛盾也在不断激化，王朝统治岌岌可危，面临着即将灭亡的境地。自东周开始以后，周王室更是日益衰微，逐渐由强转弱，王室大权旁落，各个诸侯国群雄纷争，互相征伐，导致战争连连，民不聊生。很多小诸侯国被先后吞并，其他强大的诸侯国则相继称霸，齐桓公、晋文公、宋襄公、秦穆公、楚庄王被称为春秋五霸。

春秋战国时期，诸侯的互相争霸，导致了礼崩乐坏。此时，社会矛盾不断被激化，朝廷的纲纪早已混乱不堪，违礼、僭礼的事情层出不穷，礼制权威遇到了前所未有的严峻挑战。社会的伦理道德文化逐渐失去了应有的效用，人心不古，世风日下。此时，为了维护社会的稳定、民众生活的和谐，德育的教化作用显得尤为急迫，古代的德育思想从最初的碎片化状态，逐步走向了成熟化和系统化，不同学派的涌现让德育的体系发展更加争奇斗艳。

春秋战国可谓是思想和文化最为辉煌灿烂、群星闪烁的时代。在这个伟大的时代中，诸子百家竞相出现，彼此诘难，相互争鸣，盛况空前，其中儒家、墨家、道家、法家，都有不少论及德育问题的理论，而以孔孟为代表的儒家学派更是"德育"的集大成者。

孔子，作为儒家学派的著名代表人物，第一个系统阐释了儒家学派的德育理念。通过在教学实践中不断整理、研究、总结前代人的德育理论和德育实践经验，结合自身的解读，创立了一套完整的德育教育理论体系。孔子认为"为政以德，譬如北辰，居其所而众星共之"，"政者，正也。子帅以正，孰敢不正？"他将"德治"与统治者自身的道德示范相结合，进一步论述，"其身正，不令而行；其身不正，虽令不从"。

儒家学派将"德""礼"提到了最高道德规范的范畴，以实施"德治"和"仁政"，完成了儒家的政治道德化、道德政治化。此时，君主因为"以德配天"，所以可以统治天下，这标志着"天命说"的进步，也意味着"德"在宗法观念中也开始闪耀智慧的光辉，将"德"从天地和祖宗的意志中解放出来，进而论证了"德治"的合理性。

从此以后，中国封建德育思想以儒家思想为主流，在封建社会的理论发展和德育实践中，逐渐占据了统治地位。至汉武帝时期，董仲舒推行"罢黜百家，独尊儒术"，于是以孔子、孟子为代表的儒家思想，成为中国传统文化的正统和主流思想，前后统治了中国社会长达两千余年时间。

（三）两汉至唐代——古代"德育"思想的发展和成熟

西汉初期，由于连年战乱，百姓亟待休养生息，因此在政治上主张无为而治，在经济上实行轻徭薄赋，在思想上主张清静无为和刑名之学的黄老学说。经过文景之治，国力逐步恢复，及至汉武帝刘彻统治时期，到达鼎盛阶段。此时，先秦诸子百家的遗风犹存，不同流派各执一词，这种思想文化论辩的分歧，越来越不利于社会形势发展的需要，越来越不利于统一思想和加强中央集权。

汉代大儒董仲舒基于社会的发展变化,认为需要建立一种新型的、明确的、强有力的国家指导思想,以维护王权的稳定和社会的稳定。在《天人三策》中,董仲舒提出了"更化"思想,并附上了具体的建议,特别是在《第三策》中阐释了"大一统"的政治文化主张,认为春秋大一统是"天地之常经,古今之通谊",百家之言宗旨各不相同的现实局面导致了统治思想不一致,法治几亦数变,百家无所适从,其核心的思想内涵就在于用儒家学说来统一百家思想,从而作为西汉国家意识形态的指导思想。

通过"大一统",可以达到"屈民而伸君,屈君而伸天"的目的,也就是说臣民无条件服从君主,进一步加强君主集权制度,进一步加强封建的王权统治,以"天"的名义规范君主的言行,以"天人感应"的理念规劝君主奉行儒家仁政的思想。

汉代大儒董仲舒从社会发展的现实需要出发,提出了"罢黜百家,独尊儒术"的著名论断,中间历程虽然并非一蹴而就,但最终让儒家成为了中国古代封建社会的正统思想,促进了古代德育体系的发展和进步。

(四)宋元明清——古代"德育"思想的延续和更新

历史的车轮驶入了宋、元、明时期,古代"德育"思想逐渐延续并更新。此时,中国古代的传统德育思想进一步兼收并蓄,充实发展,从而体系更加完善。

北宋时期开始,儒家德育思想进入新的发展阶段,出现了"程朱理学""陆王心学""张载气学"等思想论派。和以前的儒家德育思想相比较,这三种思想更加注重思辨和思维,更加注重提升思想道德的精神境界,更加强调道德责任感,因此更富有哲理性和思辨性,让儒家的德育思想走上了一个新的理论高度。此后,程颐、程颢、朱熹等人的理学思想占据了儒家思想的统治地位。他们提出了"格物致知"理念，倡导"修身齐家治国平天下"，主张以博学、审问、慎思、明辨和笃行作为"大学"的教学次序。

到了明代，"四书""五经"作为学校的规定教材，强调学校德育要建立学生"孝亲敬长""不犯上作乱"的德行行为，通过将开展道德实践与获取道德义理知识有机结合，让中国传统的德育体系更为丰富、更为完整、更为实用。明朝中后期，伴随着资本主义的早期萌芽，启蒙思想开始出现。黄宗羲、顾炎武就是其中的代表，从而一定程度上促进了德育思想的解放，可谓别具一格。例如，顾炎武认为，宋明时期倡导的心性之学从本质上来说就是一种无用之学，这种学说让士人逐渐放松了对于学问的钻研，对于真理的探知，从而导致了内心荒芜而空洞，缺乏对现实社会的观照。他认为真正的经世致用之学问要以"综当代之务、修己以治人"为己任，应坚持"天下兴亡、匹夫有责"的情怀，每个普通人都要肩负起国家兴旺、民族兴旺的历史使命，这也是每个人处事的一个重要原则。

第二节　中国古代德育的内容、方法和原则

在五千年的灿烂历史中，中国古代德育作为传统文化的重要组成部分，对中国社会历史发展起到了广泛的影响。中国古代德育体系庞大，内容丰富，在不同历史发展阶段呈现了别具特色的含义和特点。就中国古代德育的内容、方法和原则进行分析和解读，对于现代德育的开展具有重要的现实意义。

一、中国古代德育的内容构成

中国古代德育内容博大精深，随着时代的变化也在不断发展完善，对于古代人才的培养，社会风尚的树立，起到了积极的作用。今天，系

统解读、剖析古代德育的内容构成，其中许多元素依旧可以运用于当今的思想政治教学之中。

（一）培育"礼"的规范

中国作为礼仪之邦，礼学思想可谓是影响了几千年的道德思想发展历程，时至今日仍然发挥着重大的作用。古代礼学思想中的核心和精髓在现代社会可以继续发扬，推陈出新，为其注入符合时代要求的新内容，从而焕发新的生机和活力，为今天的精神文明建设服务。

1."礼"的产生

"礼"是中国古代德育体系中最基本最重要的概念之一，是中国古代社会、天地、自然的基本法则。中国古代不同朝代、不同社会有不同的"礼"的规范，从形式而言虽然有所不同，但是从内容而言却是一脉相承的，主要是指古代社会生活中人们所要共同遵守的生活规范和政治生活中所要恪守的道德规范。

从本源上分析，"神"这一观念产生之后，"礼"也随之而生，因此具有宗教的性质，主要是通过祭神仪式体现出来的。正如在《说文》中所言，"礼，履也，所以事神致福也，从示，从豊"，"示，天垂象显吉凶，所以示人也，从二，三垂，日、月、星也。观乎天文，以察时变。示，神事也"。早在远古时期，人们对于自然是不了解的，怀揣着天然的敬畏之情，这一时期人与自然的关系主要表现在人完全依赖于自然而存在，对于很多自然现象没有办法形成合理的认知和解释，因此"神"的观念就诞生了。神的宗教学说的出现，直接化解了人们对自然的无知，人们崇敬自然、依赖自然又畏惧自然。在这一时期，神的思想产生以后，礼也就产生了。

当进入奴隶社会的时候，毫无疑问"礼"成为奴隶主统治社会的重要手段，"礼者，君之大柄也"。奴隶主统治阶级为了维护自身的统治地位牢固而不可动摇，把"礼"的形式扩大到社会生活的角角落落和方方面面,"礼"也便成为维护奴隶主阶级专制统治的一把利器和重要工具。

2."礼"的含义

中国古代的礼制,是一种关于政治生活和社会生活的国家制度规则,核心构成是宗法社会的等级制度和家族制度,旨在建立"君臣、父子、夫妇、长幼、朋友"的等级秩序。"礼"作为儒家学派的核心概念之一,备受重视。儒家德育的根本宗旨就是使自己的言行符合"礼"的要求,达到"修身、齐家、治国、平天下"的理想状态。

经过夏、商、周三代的发展,礼制的建设已经初具规模。但是,随着周王朝日益式微,王室的统治力已经大不如前,各地诸侯混战,整个社会陷入礼崩乐坏的境地。面对这样的社会现实,作为儒家学派的代表人物,孔子仍然主张要通过礼制来重建国家秩序,恢复社会稳定。此时,最初意义上的"礼"已然不符合时代的要求,因此在保持了"礼"原有形式的基础上,尝试革新了"礼"的内容,认为无论统治阶级还是被统治阶级都要遵守"礼"的规范,恪守"礼"的要求,人应"立于理","不知礼,无以立"。总体来说,孔子认为强调礼节可以培养人的品行和节气,让性情坚毅果敢,这是为人在社会上的立身之本。

"礼"不仅对人的进步产生了重要的作用,同时对于社会的发展也影响深远。所谓"一日克己复礼,天下归仁焉",也就是说克制自己的需求和欲望,一切都照着礼的要求去做,这也就是仁了。一旦这样做了,天下的一切就都归于仁了。从这个角度来讲,孔子通过总结与反思夏、商、周三代的"礼"文化,在继承和发展了古老"礼"观念的基础之上,变革了"礼"的范式,赋予新的思想内涵,为其注入新的内容和元素,创造性地建立起一套以"礼"为核心价值观念的儒家思想体系。

以古代最初的丧礼为例,一开始是要以活人殉葬的。有史以来,活人殉葬开始于父系氏族社会。父权之下,父系家族将家中的妻、妾、孙、女、侍、仆等都理所应当地视为自己的"私有财产",不仅可以随意处罚,甚至还掌握着生杀大权。在这种思维的影响下,活人殉葬这一社会陋习也就应运而生了。秦始皇驾崩时，后宫之中没有孕育子嗣的妃嫔，皆遭生殉，令人毛骨悚然。司马迁在《史记》中虽然只是用了"死者甚觽"四字，但不难想象现场之惨烈与残忍。自两汉以后，活人殉葬的风俗才逐渐被废止，而变成了使用人俑陪葬。

总体而言，在未来统治中国封建社会长达两千多年的儒家正统思想体系里面，"礼"作为儒家学说的核心范畴，既包含了人们日常生活中待人接物的礼节和规矩，也包括了古代社会生活各个领域所要遵循的制度和典范，甚至还包容了与这些制度和典范具有相应适配性的思想观念或道德理性。

在儒家伦理道德体系之中，"礼"可以表达为理想的社会政治状态，也可以是理想的伦理道德规范。无论是统治阶级还是被统治阶级，都希望在"礼"的引导下，规范自身的思想、言行和举止，从而维护国家的长治久安，维护百姓的安居乐业。从这个层面上来说，中国古代德育史，也是一部厚重的礼制史，"礼"的兴旺程度关系着中华民族精神的建立，具有独特的文化意蕴和社会意义。

3. "礼"的原则

梳理完"礼"的含义，那要如何才能做到"守礼"呢？具体而言，"礼"的原则涵盖四个层面，分别是恭、敬、和、俭，正所谓《论语·学而》中描述的，"恭近于礼，远耻辱也"。

人们要如何才能做到"恭近于礼"？首先，孔子认为必须具备"和"的态度，也就是"礼之用，和为贵"，这句话主要是指人们在从事相关的礼节活动的时候，必须要随时保持着"和"的态度，展现以热烈而真挚的情感状态。

其次，"礼"也必须以俭作为原则，"礼，与其奢也，宁俭"，"先进与礼乐，野人也。后进与礼乐，君子也。如用之，则吾从先进"。

只有在恭、敬、和、俭四个方面的共同努力之下，"礼"才能得到共同维护，行礼也就有了更加明确的标准。

4. "礼"与中国古代政治的关系

中国古代政治从本源上看，就是一种以"礼"作为基础的政治文化，这与中国数千年历史所积淀的传统文化息息相关。"礼"与中国古代社会所呈现出来的政治理念、实施的政治行为以及建立的政治制度，都有着千丝万缕的内在联系，彼此之间密不可分。

中国古代社会的政治制度包罗万象，门类齐全，比如宗法制度、分封制度、爵位制度、土地制度、赋贡制度、军政制度、刑法制度等，其实从本质而言都是属于"礼"的范畴。虽然伴随着社会的发展，王朝的更替，礼制的内容和表现形式都会发生相应变化和革新，但是万变不离其宗，"礼"一直以来都是中国古代社会所倡导的理论基础和价值标准，也一直以来都是统治阶级所孜孜以求的意识形态理想之模式。因此，中国古代政治制度从根本上表现为一种礼的"范式"也就不足为奇了。

5. "礼"与中国古代法治的关系

《管子·枢言》曾有云："法出于礼"，因此"礼"文化与中国古代法治二者之间也是紧密相连的，"法（刑）"从"礼"诞生而来，"礼"的手段如果带有了强制性意味，也就成为法。

《春秋左传·隐公十一年》对于"礼"所能产生的社会效用有着非常具体的说明和解释，"礼，经国家，定社稷，序民人，利后嗣者也。"翻译过来，就是说"礼"可以用来经营治理国家，安定社会秩序，使民众维持稳定的社会关系，从而成为保障后世子孙各种利益的纲纪大法。中国历代王朝虽然不断更迭变化，但是统治者在施政、布政、执政的过程中，都会引经据典，援引礼经，成为社会运行的规范典制和权威依据，甚至还以"礼"作为依据进行制度层面的革故鼎新。

在中国古代的国家治理范式中，"礼"与"法"二者缺一不可，密切相关，对于社会公序良俗的建立发挥着调整、约束、节制的功能。"礼"作为一种社会道德的教化工具，目的在于通过道德的教化和引导，可以规范人们的行为；而"法"则是一种具有强制力的惩罚措施，是"礼"之后所实施的一种行为,"礼者禁于将然之前,而法者禁于已然之后。"

西汉时期,董仲舒提出了"罢黜百家,独尊儒术"之后,历代的王朝所采取的都是以儒家"礼"文化为基调的礼法互补的政治治理模式,以"礼"阐释政治的仁爱之心,以"法"渲染政治的强制权威,通过"礼"与"法"的完美结合,推动国家机器的高效运转,达到社会的稳定和谐,最终实现朝代社稷的千秋万代。

(二)培育"仁"的观念

前面在对于"礼"的系统论述中,可以看到孔子在对前代礼学思想的分析和解读中,革新了"礼"的内涵,将其中融入"仁"的要义。比如《论语》一书中,就出现了多处与之相关的论述,《论语·八佾》中的"人而不仁,如何礼",《论语·阳货》中的"礼云,礼云,玉帛云乎哉",都阐释了孔子的礼学思想是以"仁"作为坚实的支撑,如果虽"礼"而"不仁",则"礼"仅仅只是虚有其表,而失去了原有的本真。

1. "仁"的开端

早在西周时期,周公姬旦就开始制礼作乐,他详细参考了远古到殷商时的礼制和音乐之后,制定了一整套完备的社会制度和行为规范。在这个过程中,周公坚持了一个基本的指导思想——"敬德保民,以德配天",这主要是只有崇尚道德,才能保卫社稷国家,只有有德才能承受天命,失德就会失去天命。

"敬德保民"作为当时周王朝所奉行的政治理论根据,"德"主要是指向了"天"的至善性,只有"敬德"才能"敬天","皇天无亲,惟德是辅",有德才会得到上天的保护和庇佑;而"保民"作为政治路线的一种实践范式,是因为"民之所欲,天必从之",归根到底,"保民"本质上就是要保社稷、保国家、保江山。周公提出"敬德保民,以德配天"的政治主张,虽然是一种富有神权意味的政治学说,但却是夏商以来中国思想文化从敬畏鬼神到看重人事的重大变革,可以称之为"仁"最早的开端了。

2. "仁"的含义

如果说"礼"是儒家学派的核心概念之一，那"仁"无疑就是另一个核心组成了。在儒家学说中，"仁"既可以被解读为人们内在的心理意识和心理状态，又可以被看作是社会行为的基本准则和道德规范，对中华文化和社会的发展产生了重大而深远的影响。

在《说文解字》中，"仁，亲也"。从这里可以看出，"仁"字从人从二，其基本含义是指要对他人尊敬并友爱，倡导人们要互存、互助、互爱的意思，建立亲和的社会环境，正如《礼记·经解》所言，"上下相亲谓之仁"，《春初·元命苞》中也有类似的论述，"仁者，情志好生爱人，故立字二人为仁"。

什么是仁爱呢？在《论语·颜渊》中有这样一个场景：樊迟问孔子，什么是"仁"，孔子的回答则是"爱人"。在这样一个对答中，可以看到，孔子将"仁"解释为"爱"，并明确了爱的对象是人。"人"作为一个普遍的概念，"爱人"所指向的是君子对所有人都应该一样持有"爱"的热忱和情怀。儒家学派坚持以"仁"来处理社会的行为举止和伦理关系，主张人和人之间应该互相尊重、互相帮助、互相友爱。

在这种"仁爱"观中，"成仁"是人生追求中所蕴含的最高价值。孔子认为，"弟子入则孝，出则弟，谨而信，泛爱众，而亲仁，行有余力，则以学文"。不仅如此，还提出"恭、宽、信、敏、惠。恭则不侮，宽则得众，信则人任焉，敏则有功，惠则足以使人"。此时，"仁"的要求已经由孝父敬兄为先，继而扩大到了"泛爱众"的程度，适用范围远远超出了最初的宗法血缘，延伸到了民族、国家的范畴，推崇仁爱之心要至诚、深厚并且广博，只有这样，才能家和、人和，最终实现国和。

"仁"的观点强调对天下的苍生都要怀有怜悯之心，可以施以帮助，这既是善良风范，也是博爱的情怀。孟子基于孔子的"仁"说，"仁爱"思想延伸到国家的治理和教化之中，也就形成了"仁政"的思想。

孟子对"仁"的范围进行了扩充和发挥，提出著名的"仁政说"，提倡

"亲亲而仁民，仁民而爱物"，也就是说只有当你能够亲爱亲人时，才有可能推己及人地去仁爱百姓；只有当你能够仁爱百姓时，才有可能爱惜万物，而"老吾老以及人之老，幼吾幼以及人之幼"的论断，也具有异曲同工之妙。他通过"仁"的学说把仁爱精神的受众范围做了无限的扩大，从亲人推广到了所有的人，甚至是宇宙的万物，因此，他又将"仁"与国家治理、政治施策相结合，建议可以实行王道，反对霸道政治，达到政治清平，人民安居乐业，"民为贵，社稷次之，君为轻"这个具有民主性意蕴的著名命题也就此诞生了。

此外，孟子还将"仁"同"义"作了连接，把仁义当作人们道德行为的最高准则，也通过提出一些符合实际情况的主张，可以改善民生，加强教化。他把仁政说与王道政治相互结合，认为人皆有仁爱之同情心，即不忍人之心，正所谓"人皆有不忍人之心。先王有不忍人之心，斯有不忍人之政矣。以不忍人之心，行不忍人之政，治天下可运之掌上"，坚持行仁政，天下可得到治理，不行仁政，则天下难以治理。

当然，除了儒家以外，其他诸子百家也有关于"仁"的经典论述。墨家倡导的是"尧让贤，以为民"，认为"天下兼相爱则治，交相恶则乱"。墨子认为儒家所强调的繁文缛礼和厚葬久丧制度，从本质上而言就是一种奢侈和浪费，而孔子所说的"仁"也并不是指向社会大众，而实际上表现的是对贵族的偏爱。针对儒家的观点和当时实际存在的各国贵族的腐化现象，墨子提出了"节用""节葬""兼爱""非攻"等一些主张。

正如习近平总书记在2019年亚洲文明对话大会上指出的，"亲仁善邻、协和万邦是中华文明一贯的处世之道，惠民利民、安民富民是中华文明鲜明的价值导向"[1]，在"仁爱"思想的熏陶下，古代中国崇尚礼仪，讲究礼数，互敬互让，谦虚谨慎，只有如此君子才可以称之为具有君子之道，秉承君子之风。

---

[1] 习近平. 深化文明交流互鉴 共建亚洲命运共同体——在亚洲文明对话大会开幕式上的主旨演讲[N]. 人民日报，2019-05-16(2).

（三）培育"孝"的德行

《孝经》有云："天地之性，人为贵，人之行，莫大于孝。"这句话指的是天地万物之中，以人类最为尊贵，而人类的行为，则没有比孝道更为重大的了。孝，作为儒家德育思想中的一个重要组成内容，也是社会传统伦理的基本准则之一。

"君礼臣忠，父慈子孝"，中国古代的君臣父子关系存续于政治生活、社会生活、家庭生活的方方面面，长期以来对中国社会的稳定和发展起到了一定的积极作用，在现代社会也继续绽放着迷人的魅力。

1. "孝"字的解读

"孝"这个汉字，从字面上来看就是一个上下结构的组成，上面是个"老"字，下面是个"子"字，意思就是子能承其亲，并能顺其意，表现为子女要孝顺、孝敬，面对父母的权威，要肯定、顺从，并且遵从父母的指点和命令，按照父母的意愿行事；要对父母尽心侍奉，耐心顺从，这样才能回报父母的养育之恩。

孝的观念源远流长，最早出现于3000多年前的殷墟甲骨文中。孝道文化作为中国传统文化的一个重要内容，是中国古代产生最早、影响最深远的家庭道德观念和伦理文化之一。

（1）关于"孝"与"生育"

"不孝有三，无后为大"，在中国传统的家族观念中，个人负有着不可推卸的子嗣绵延的责任和义务，传宗接代是家族长盛不衰的根本保障，是家族兴旺发达的基石，这也是中国古代典型孝道文化的精髓。

将"孝"与"生育"相互捆绑，与中国古代的社会背景息息相关。众所周知，中国古代疆域广阔，强大的蒙古帝国——元朝，作为少数民族建立的第一个大一统王朝，更是将地理的版图扩大到了极致，横跨亚欧大陆。公元1310年元武宗时期，元朝的国土面积就达到了1372万平方公里(北疆以北纬55°为界)，若是将北疆继续延伸至北冰洋，则达到了惊人的2267万平方公里。

但与辽阔的疆域相比，伴随朝代更迭，战火硝烟四起，导致人口稀少，因此孝道思想就是对中国古代人口领域的自然演示和直接反映。由于古代社会的生产力水平十分低下，人口会随着战争出现而急剧减少，因此，无论是哪个王朝当政，都致力于通过家庭人口生产与再生产的功能，来实现迅速增殖社会人口，进而促进社会生产力的发展和进步。

(2)关于"孝"与"奉养"

前面对"孝"字的构成解读，充分体现了家庭对赡养老年人有着不可推卸的职责与义务，这也是儒家思想意识中充满血缘亲情的伦理化释义。

自古以来，中国就是一个农业大国，日出而作，日落而息，这种生活是对自给自足的小农经济最好的诠释和演绎。家庭，作为社会最基本的构成元素，是古代社会经济和人口最重要的载体，以家庭为中心的生存状态，必然要求匹配以一系列的价值观念和行为规范来约束家庭内部成员的各种行为，比如家庭老人的赡养问题。

从中国古代家庭构成而言，三代同堂、四代同堂甚至是五代同堂比比皆是，这种世代传续的家庭模式大量地存在于中国社会中，也是小农经济长期存在和稳定延续的表现。家族中的老人在完成了既定的社会任务之后，将经验传授给了下一代家族成员，然后日益退出了劳动生产环节，要和子女生活在一起，并且依靠子女供奉晚年生活。如果出现子孙要与老人分家去自立门户的情况，是会被古代社会道德观念以及法律所不容许的。比如在唐朝的律法中就有规定，若祖父母和父母还在世，子孙另立门户，会被抓去坐三年牢。

(3)关于"孝"与"治家"

《礼记》有云："欲齐其家者，先修其身。"《孝经》亦有云："夫孝，德之本也。"中国古代德育观念中，将"孝道文化"看作是一种"齐家之宝"，与修身又紧密相连。

按照传统观念，要想齐家，必须先修其身；要想修身，必须先行孝，孝则会为家庭带来福祉。

(4) 关于"孝"与"治国"

从语法构成上而言，"国家"这一词语是由"国"和"家"两个词复合而成的，可以形象地将古代中国看成是"家"和"国"的完美统一。中国古代德育将"孝德"看作是"忠德"的基础，而"忠德"则是"孝德"在更高层次上的延续和深化，"忠孝两全"一直是古代德育中所具有的宗法政治特色。

司马迁在《史记》中指出过："夫孝，始于事亲，中于事君，终于立身。"中国古代传统社会中，"忠""孝"二者本来就不可分割。君主希望臣民效忠国家与君主，就如同顺从父母一般，借助孝道的力量，实现国家的长治久安。

2. "孝"字的含义

(1) 远古时期的"孝"

由于"孝"具有内在的凝聚力与外在的辐射力，所以在氏族社会向国家演进的过程中，"孝"就成为从亲情伦理走向社会伦理和政治伦理的逻辑起点。[①] 在中国传统道德规范中，"孝"具有特殊的地位和作用，任何一个朝代都将"孝德"教育作为社会德育的重要内容，"孝"是中国古代德育教化的一个成功典范。

"孝"的亲情伦理可以追溯到远古时期的尧舜时代，所谓"尧舜之道，孝悌而已矣"。从历史发展的角度上剖析，源于原始社会对生殖和祖先的崇拜，"孝"的本初含义主要包括了对生命的繁衍以及祀祖祭先的尊祖意识、敬老意识两个层面。在《尚书·尧典》一书中，有这样的描述：帝尧"克谐以孝"，帝舜"以孝烝烝"，命司徒"使布五教于四方，父义，母慈，兄友，弟恭，子孝，内平外成"。在古代的圣王看来，如果每个人

[①] 王四达，孙力杰. 古代"孝道"的社会化、政治化对当前道德建设的启迪[J]. 中州学刊，2015(8)：90-95.

都能做到父义、母慈、兄友、弟恭、子孝，便可以实现家"内平"而国"外成"了。

(2) 春秋时期的"孝"

"春秋时期，随着经济、政治结构的变革，西周所建立的国家制度、宗族组织皆发生了急剧的变动，集宗教、伦理、政治于一身，维护西周宗法等级制度的传统'孝道'也发生了动摇和演变。"①基于社会所发生的剧变，儒家学派的代表人物——孔子，从恢复社会正常生产、生活的角度出发，通过重建当时社会的伦理新秩序，希望可以拯救时弊，教化民众德行回归，扭转混乱的社会局面。

于是孔子精心设计了一幅理想的社会蓝图：以家庭作为德育的教化支点，从修身开始，然后齐家、治国、平天下，打造和谐、友爱、稳定的宗法血缘社会。他大力提倡"孝道"文化，把前人的"孝"观念加以革新，从以往强调祖先祭祀和崇拜这种具有伦理政治意义的观念，改变为了对父母孝顺恭敬的"孝"文化，强调的是提升个人的道德修养，作为社会需要践行的规范和准则。

"百善孝为先"是孝道后来兼具的社会含义了，这句话的意思就是指所有善良的事情中，守孝道是最重要的，而"孝悌也者，其为仁之本与"也是指对父母孝顺、对兄弟友爱，这也就是"仁"的根本。

孟子有曰："孝子之至，莫大乎尊亲"，这句话的意思是孝子要达到孝的极点，没有超过尊敬他的父母的了。针对"孝"的要求，他分析了五种不孝的情况，分别是"惰其四支，不顾父母之养，一不孝也。博弈好饮酒，不顾父母之养，二不孝也。好货财，私妻子，不顾父母之养，三不孝也。从耳目之欲，以为父母戮，四不孝也。好勇斗狠，以危父母，五不孝也"。从这五种不孝的情况可以分析，其中有三种是不奉养父母的不孝，可见在封建社会时期，最基本的社会和家庭美德就是宗法家长

---

① 王长坤. 先秦儒家孝道研究[D]. 西安：西北大学，2005：52.

体制之下子女的孝顺。

《孝经》里曰："身体发肤，受之父母，不敢毁伤，孝之始也；立身行道，扬名于后世，以显父母，孝之终也。夫孝，始于事亲，中于事君，终于立身。"从这里面可以看到，儒家所提倡的"孝"主要包括事亲、事君、立身三个方面。一方面来说，"孝"的关系以家族的血缘关系为基础，是宗法礼制家庭观念要求，能够充分调动人们的情感变化。另一方面，"孝"具有道德规范的一致性，强调"孝"的外延可以进行扩大，通过"泛爱众"将爱亲人、爱社会和爱国家相统一。

(3) 隋唐时期的"孝"

中国封建社会发展进程中，儒家学说作为占有正统地位的思想文化，对社会德育教育和伦理发展意义重大。自隋唐以后，古代中国的社会政治、经济、文化的发展又进入一个全新的黄金期。此时，"孝"文化的政治伦理性进一步得到了加强，一方面厘清了忠、孝两者之间的关系，达到忠孝合一的境地；另一方面，统治阶级为"孝"的履行制定了强有力的法律保障。

比如，隋朝制定的《开皇律》是第一部成文法典，在篇章体例和基本内容诸方面总结和发展了以往各朝代的立法经验，为中华法系的典型代表——唐律提供了直接蓝本，成为后世立法的模板。《开皇律》就把《北齐律》中"重罪十条"列入法典，正式确立了"十恶"重罪——分别是谋反、谋大逆、谋叛、恶逆、不道、大不敬、不孝、不睦、不义、内乱这十种最严重的犯罪行为。"十恶"重罪直接危害封建皇权、违犯封建礼教，被视为封建法律首要打击的对象，因此即使遇到国家大赦也不能免刑，其中"不孝"就名列榜中。

后来唐朝在继承隋朝法律蓝本的基础上，在《唐律疏议》中对"不孝"的行为也有了明确界定——"善事父母曰孝，既有违反，是明不孝"，还规定了具体的诉讼程序以及量刑标准，"诸詈祖父母、父母者绞，殴者斩。"

历朝历代关于"孝"的法律规范日趋正式,逻辑体系更为合理,治理表述更为缜密,充分使用法律的惩戒手段来约束百姓的行为,确保"孝"在伦理层面的广泛推行。

(4)宋元以后的"孝"

当中国封建社会发展到了宋元明清的时候,"孝"的文化由于受到"程朱理学"的影响,开始向极端化、愚昧化转变。

宋朝的时候,"程朱理学"开始盛行,是宋明理学的主要派别之一,也是理学各派中对后世影响最大的学派之一。理学的天理是道德神学,同时成为儒家神权和王权的合法性依据。此时,"孝"作为儒家思想的核心内容,也随之发生了新的变化。

理学家们开始对"孝"的来源进行了研究、剖析和论证,得出了"孝"是与生俱来的,是人最常见的感情,以"孝"的先验性、客观性和永恒性形成了较为完整的体系模式,披上了一层神秘的面纱。这个时候,理学家们还彻底解决了"忠孝两难"的问题。在隋唐时代之前,"孝"重于"忠";到了唐朝的时候,"忠""孝"二者并行并举;到宋朝的时候,则演变为死事一君,对国家、君主尽忠就是大孝。

明王朝的建立,继承发展了宋朝时期的"孝"文化,并坚持用严刑峻法来推行忠君孝亲之道。宋元明清可以看作是中国封建专制主义的巅峰时期,"孝"文化的道德教化功能逐渐开始弱化,而政治伦理功能则日渐加强,并最终走向了极端化和愚昧化。

总体来说,"孝"文化作为中华民族的传统美德,是历代炎黄子孙最为认同推崇的道德行为准则,崇尚孝道,见贤思齐,在中华优秀传统文化的构成中历久不衰。

(四)培育"慎独"的修身情怀

1."修身"的含义

中国古代德育认为,修身是衡量个人是否成才的重要标准,也是维护公共秩序的有效手段。修身的根本目的是为了正己、齐家、治国、平天下，"自天子以至于庶人，壹是皆以修身为本"，上至天子下到百姓都需要克己修身，这样才能实现家庭的稳定，国家的安定，天下的太平。

在中国儒家正统思想里，"内圣外王"四个字高度概括了修身为政的最高标准，作为儒家的基本命题，"内圣外王"的目的在于理想人格的塑造。"内圣"指的是要修炼提升自己内在的精神修养，自觉地修炼心智，从自身做起，磨砺意志，在实践中不断锤炼自我，只有这样才能达到圣人的精神境界。而"外王"则是指要在国家社稷中主动去建功立业，谋求功名，这样才能实现"天下统一""天下大治"的社会理想。在这样的伦理关系中，只有"内圣"才能"外王"，"内圣"是"外王"的根本前提和思想根基。

那"修身"的最好境界是什么呢？《礼记·中庸》有云："道也者，不可须臾离也；可离，非道也。是故君子戒慎乎其所不睹，恐惧乎其所不闻。莫见乎隐，莫显乎微，故君子慎其独也。"《大学》中亦有云："诚于中，形于外，故君子必慎其独也。"可见，古代君子修身的最高境界是慎独。慎独是为了自己的良知，慎独可以保持内心的安然和愉快。慎独，之于他人是坦荡；之于自己，则是心安。历史上很多慎独的君子，他们人前人后一样严格要求自己，时刻警觉自己的一言一行，光明磊落品格高尚，堪称古代君子的典范。

早在先秦时期，儒家就提出了治国以修身为本的理念。孔子认为"修己以敬，修己以安人，修己以安百姓"，也就是通过提高自己的修养，使自己的言行无不合乎原则，这样就可以使人民安乐。孟子则提出"人有恒言，皆曰，'天下国家'。天下之本在国，国之本在家，家之本在身。"

而《礼记·大学》则系统阐释了"修身、齐家、治国平天下"的主张："古之欲明明德于天下者，先治其国；欲治其国者，先齐其家；欲齐其家者，先修其身；欲修其身者，先正其心；欲正其心者，先诚其意；欲诚其意者，先致其知，致知在格物。物格而后知至，知至而后意诚，意诚而后心正，心正而后身修，身修而后家齐，家齐而后国治，国治而后天下平。"通俗来说，这句话的理解就是"修身"是修身养性，人们在具有一技之长的同时，还要具备良好的人性品格和道德修养；"齐家"是指照料好一个家庭，才能让家族兴旺发达，和谐稳定；而"治国"就是要让百姓安居乐业，国家治理井然有序；"平天下"是"修身""齐家""治国"的终极目的，就是让百姓生活富足、安居乐业，远离战争和武力。

2. "修身"的方法

树立好了"修身"的理念，那更重要的是要有"修身"的方法。数千年来，中国德育文化积累了丰富而深厚的理念和方法，主要表现为无我、廉洁、正气、躬行民本、不渝五个方面。

(1) 无我

在中国古代德育的实践中，修身之道和"公义"的思想、实践关系密切。盘庚迁殷的时候，"天下为公"的思想就已经萌芽。西周时期，周成王曾教育各位大臣"以公灭私，民其允怀"，意味着用公正消除私情，人民将会信任并归服。

《管子》有云："(气者)充不美，则心不得；行不正，则民不服。是故圣人若天然，无私覆也；若地然，无私载也。"倡导人们内心要充满正气，行为端正无私，像天地一样没有私心偏颇，才能廓然大公，兼达天下，最终实现"大道之行，天下为公"的社会大同。

(2) 廉洁

中国古代的廉洁文化素来博大精深，基本内涵表现在古代的先贤圣哲坚持"以不贪为宝"，倡导要特别注意自身的修炼，保持洁身自好，当义与利二者之间发生矛盾或冲突的时候，主张要取"义"。

所谓廉洁，是指为官者要秉公执法、正直无私，不能接受贿赂，否则会出卖自己的良心和原则，"临大利而不易其义，可谓廉矣"。中国历史上有不少廉洁官员的典范，比如春秋时期的楚国令尹——孙叔敖，就以清正、贤能而受到百姓的爱戴，是当时社会中清官的典型代表。他在朝廷当中为官数十载，生活中极其朴实，甚至可以说家徒四壁，着实令人钦佩。

（3）正气

正气，意味着"君子之于天下也，无适也，无莫也，义之与比也"，"君子义以为质"，也就是说圣人君子对于天下间的任何事情，不能持有特别偏颇的态度，既不能特别赞成，也不能特别反对，一切要以是否合乎正义、道义作为评判的条件和标准。

君子讲求修身之道，需要注意自己的言行举止，如果有不合适的地方要及时加以修正改善，符合"行有不得，反求诸己"的行为示范和要求，通过检查修正自己的言行举止，"其身正，不令而行"。

（4）躬行

"君子以果行育德"，要求君子必须以果决的行动来培育自己的德行。修身之道的精髓，就在于要切实躬行、践履不辍，切忌空谈，实干才可兴邦。这个要求，在官员为官之道上，也有异曲同工之妙，"君子当官任职，不计难易，而志在济人，故动辄成功"。

（5）民本

中国古代伦理政治将修身与仁政相结合，"德惟善政，政在养民"，士人君子修身从政要以施行仁政为目标。所谓仁政，就是要以民为本，倡导养民、惠民、安民、教民，使民众的生活安居乐业，衣食无忧，从而国家实现长治久安。所谓"凡治国之道，必先富民"，以民为本，就要维护民众的利益，富民惠民。"躬道德而敦慈爱，美教训而崇礼让，故能使民无争心而致刑错"，通过道德礼仪的教化，使百姓通达事理、礼让无争。

（6）不渝

《论语》有云："三军可夺帅也，匹夫不可夺志也"，重在强调志向坚定的重要性。仁人志士通过树立坚定的信念和志向，才能够成就伟大的梦想，"志士仁人，无求生以害仁，有杀身以成仁"。从古至今，历代的英雄豪杰、仁人志士坚持身体力行、践履不辍，始终展现出对精神追求的持之以恒和矢志不渝。

（五）培育"忧患"的爱国意识

中华民族五千年的历史悠久而灿烂，积累了丰富的精神财富，形成许多引以为自豪的传统美德。中国古代德育对于"忧患"爱国意识的培育，是时代发展的现实需求和真实映射。

1."忧患"爱国意识的历史语境

（1）连年战患导致了社会的动荡

一直以来，中华民族就崇尚国家统一，致力于维护民族的团结和发展。但是天下大势，分久必合，合久必分，这句话用以形容中国历史的发展进程，简直严丝合缝，也恰如其分。

禹建立了中国历史上第一个奴隶制政权——夏之后，前后延续了大约400余年，后人常以"华夏"自称，成为中国的代名词。夏朝为商朝所灭后，前后延续了600年左右。西周建立之后，周天子被视为天下共主，拥有至高无上的权威，为天下万民所臣服。但是到了东周的时候，周王室内部矛盾频发，外部诸侯群起，因此王朝的统治日渐衰微，对诸侯国早已经失去了绝对的掌控力。

春秋时期，各诸侯群雄纷争，齐桓公、晋文公、宋襄公、秦穆公、楚庄王先后称霸，史称春秋五霸。公元前453年，韩国、赵国和魏国三家联合灭掉智氏，瓜分晋国，历史的走向进入战国时期，各国更是混战不休。春秋战国时期作为中华民族第一个大分裂时期，前后历经近550年，社会动荡不安，百姓生活更是民不聊生。王朝曾经赖以生存的礼乐制，也失去了社会的尊崇，社会发展出现了前所未有的艰难。春秋战国作为中国古代历史发展中最大的一个乱世时代，持续时间很长，斗争关系复杂，中间也夹杂着思想的碰撞以及文化的发展。

随着历史的发展，中国又先后经历了历时300余年的魏晋南北朝时期（又称三国两晋南北朝），30余个大小王朝政权交替兴灭，夹杂着汉文化政权之间、汉文化政权与其他民族文化政权、其他民族文化政权之间的纷争，可谓是中国历史上政权更迭最频繁的时期。由于长期的封建割据和连绵不断的战争，这一时期中国文化的发展受到特别的影响，汉文化差点遭受灭顶之灾。

光辉灿烂的唐朝经历了藩镇之祸、宦官之乱、黄巢起义、朋党之争，终于支撑不住，最终分崩离析，取而代之的是历史上第三次大分裂时期——五代十国。虽然前后仅有70余年，但是众多割据政权纷纷自立为王，纷争不断。战乱年代，人们流离失所，处于水深火热之中，战火纷飞带来的只是无限的灾难和痛苦。

（2）匈奴影响着中原政权的稳固

匈奴，是古代的高原游牧民族，兴起于今内蒙古阴山山麓，那里水草肥美，土地肥沃。"匈奴"一名最早见于战国时期的《逸周书·王会篇》《山海经·海内南经》《战国策·燕策三》等。司马迁指出："匈奴，其先祖夏后氏之苗裔也，曰淳维。唐虞以上有山戎、猃狁、荤粥，居于北蛮，随畜牧而转移。"纵观中国历史，自夏、商、周以来，匈奴一直是中原汉民族政权的心腹大患，"猃狁匪茹，整居焦获。侵镐及方，至于泾阳"。

早在先秦时期，在东北亚草原上散落着大大小小的氏族部落，此时这些少数民族尚未形成统一的政权，因此对中原大陆也没有什么大的危胁。后来，各个部落之间开始联合，慢慢发展，第一代首领头曼单宁建立了匈奴国，在他的领导下，匈奴政权也不断发展壮大，慢慢对中华政权形成了挑战之势。

到了西周，匈奴开始对中原地区虎视眈眈，不断发起挑衅。西周王室通过分裂了一些诸侯国，来抵御匈奴政权的入侵。后来周幽王"烽火戏诸侯"，西周都城镐京沦陷，被迫东迁。

战国时期，匈奴多次骚扰赵国，使得赵国不得不在边疆修建长城来抵御。后来赵王派出大将军李牧把守边关，李牧凭借着过人的胆识与谋略，多次击败了匈奴，使得赵国社会得以稳定。

然而随着匈奴越来越强大，对中原政权的威胁也越来越大。公元前221年，秦始皇灭掉齐国，完成了统一大业。但是匈奴也并没有收敛，逐渐变得更加猖狂。公元前215年，秦始皇派蒙恬带领十万大军攻打匈奴，收复黄河以南的全部土地，修建起了万里长城以抵挡匈奴的进攻，因此匈奴开始北迁。

在经历了秦朝衰败，楚汉之争后，西汉王权建立。此时，匈奴趁着汉王朝刚刚建立，百废待兴之际，对中原发起猛烈进攻，在著名平城之战中，刘邦被困，此后只能通过和亲的方式，并送之以金钱、财物等来维系两国之间的关系。即使如此，匈奴王庭仍然对中原充满了勃勃野心，不断地扩充势力。直到汉武帝登基之后，汉朝国力得到恢复，经济军事等方面也开始壮大，汉武帝一改以往对匈奴妥协的态度，派出大将霍去病、卫青等人，主动攻击和镇压匈奴，将其成功击溃，还一并收复了以前被占领的领土。

2. "忧患"爱国意识的历史含义

中国古代就有周文王、周武王"无疆之恤"的论述。周文王曾云："君子安而不忘危，存而不忘亡，治而不忘乱，是以身安而国家可保也。"作为六经之首、大道之源的《易经》中也有关于忧患意识的阐释和表达。

中华民族的历史长河中，先后涌现出了无数可歌可泣的典范故事。楚国的爱国诗人屈原在《离骚》中就有"亦余心之所善兮，虽九死其犹未悔"的经典论述，表达了即使面对无数磨难和未知厄运，也永不妥协，绝不低头的气节。西汉名将霍去病"匈奴未灭，何以家为？"的壮志情怀，亦是这种忧患意识的深刻体现和真实写意。《诗经·无衣》有云："岂曰无衣？与子同袍。王于兴师，修我戈矛。与子同仇！"从这样的诗句描述中，更可以看出古代军人在战场上奋勇杀敌的激昂与惨烈。

春秋战国时期，孔子有过"安而不忘危，存而不忘亡，治而不忘乱"的论述。孟子则认为："人恒过，然后能改；困于心，衡于虑，而后作；征于色，发于声，而后喻。入则无法家拂士，出则无敌国外患者，国恒亡。然后知生于忧患而死于安乐也。""生于忧患，死于安乐"的阐释，这无疑是对"忧患"意识人生哲学的深刻总结和感悟。

随着历史的发展，不少仁人志士都阐述了自己对于"忧患"爱国意识的认知和理解。魏征说过"居安思危，戒奢以俭"；欧阳修"忧劳可以兴国，逸豫可以亡身"；李商隐提出"历览前贤国与家，成由勤俭败由奢"；陆九渊在《与苏宰书》则表示"然君子每因是以自省察，故缺失由是而知，德业由是而进。屯难困顿者，乃所以成君子之美也，故曰生于忧患，而死于安乐"……这种爱国"忧患"意识重心虽然表现在战争，但是却体现了忧国忧民，上念国家，下忧黎元的伦理价值。因此保持忧患意识，即使身处太平安乐，仍然要头脑清醒，这是我国古代一条重要的政治经验。

总体来说，战乱时的爱国"忧患"意识重心在战争；和平安定环境中，爱国的"忧患"意识表现为对居安思危、忘战必危的清醒认识。作为爱国主体道德心理结构的忧患意识，因与国家要统一、人民要安宁的社会需求相一致，展现了古代民众的无私奉献情怀。

（六）培育"大一统"国家观

根据国内学界研究成果来看，基本比较统一的看法是，秦始皇一统六国，是中国古代历史上第一个实现了统一的王朝，"而实际上有关'一统'的思想早在西周时期就已经萌芽，并在春秋战国时期形成了'大一统'的观念，主要表现即是西周时期形成并付诸实施的服事制和其后出现的'大一统'思想"①。

中国古代德育历来重视对"大一统"国家观的塑造，"大一统"的国家观源远流长，深深根植于古代社会的文化土壤之中，为历代统治者和当权者所热爱并推崇。"大一统"的国家观让中国古代领土版图不断扩大，国力日益强大，几千年的中华文明也正因此得以一直延续下来而从未中断！

1. 原始氏族社会的国家观

中国原始的氏族社会经历了从母系氏族社会到父系氏族社会的转变。最初存在的公有共产制，标志着氏族成员共同决定内部事务，共同生产生活，氏族是一个最基本的社会组织单位。

一开始，生产力的低下制约着氏族与氏族之间的交往，彼此之间基本处于封闭且严重排外的状态。伴随着生产力的逐渐发展和进步，出现了最早的物物交换，扩大了氏族之间的交往范围，因此氏族部落社会之间慢慢开始杂居。此时，"村""邑"作为氏族社会聚居之地由此产生了。《广雅·释诂》谓之："村，国也。"《说文》谓之："邑，国也。"

发展到了原始社会末期，生产的发展刺激了私有制的出现，邑与邑之间开始进行掠夺和扩张，氏族成员筑墙用以守卫自身的安全。

2. 夏商周的国家观

禹建立了中国古代历史上第一个奴隶制国家，华夏民族通过与其他蛮夷戎族的融合同化，扩充了领土和疆域，人们生产和生活的范围也逐步得到了扩大。《周礼详解·天官》注："或而围之谓之国"，国也叫邦。在出土的西周时期的铜鼎铭文中，"国"这个字写成了"或"字。西周初年的封邦建国、"以藩屏周"则是国家形成的标志。"中国"这一名称发端于西周武王时期，所谓中国最初是指地处中原，经济文化发达，遵守周礼

---

① 李大龙.中国古代国家治理思想及其实践[J].云南社会科学，2022(3)：98-106.

的华夏族所建立的政权,也可指华夏族人民生活的地方。①

"大一统"国家观的发展并非一蹴而就的过程,一开始也是相对模糊的。在《诗经·小雅·北山》出现的"普天之下,莫非王土,率土之滨,莫非王臣"的表述,表达的就是最初这种大一统思想。

3. 春秋战国及以后的"大一统"国家观

《公羊传·隐公元年》:"元年者何?君之始年也,春者何?岁之始也,王者孰谓?谓文王也,曷为先言王而后言正月?王正月也,何言乎王正月?大一统也。"这时,"大一统"被正式提出。

春秋战国时期,礼乐崩坏,百家争鸣,盛况空前。诸子学派对于"大一统"的国家观提出了自己的理解和诠释,从而使得该理论更加系统化和体系化。

针对诸侯群雄奋起,陆续争霸的社会局面,孔子进行了系统的探索和思考,认为"天下有道,则礼乐征伐自天子出;天下无道,则礼乐征伐自诸侯出。自诸侯出,盖十世希不失矣;自大夫出,五世希不失矣;陪臣执国命,三世希不失矣。天下有道,则政不在大夫。天下有道,则庶人不议",可以通过建立"天下有道"的社会秩序,这也被视为一种人类大同的理想状态。

管仲提出了"主尊臣卑,上威下敬,令行人服,理之至也"的理论,认为"使天下两天子,天下不可理也。一国而两君,一国不可理也。一家而两父,一家不可理也。夫令不高不行,不专不听。尧舜之民非生而理也,桀纣之民非生而乱也,故理乱在上也",可以通过"天子出令于天下,诸侯受令于天子,大夫受令于君,子受令于父母,下听其上,弟听其兄,此至顺矣"等具体的制度规定,实现"大一统"的政治治理和格局。

汉代大儒董仲舒则将"大一统"的国家观发挥到了极致,认为"大一

---

① 陈家鼎. 论中国古代爱国主义的形成[J]. 湖北师范学院学报(哲学社会科学版),1985(4):67-74.

统者，天地之常经，古今之通谊也"。这句话的意思是，封建社会的大一统是天地古今之道，是不可改变的。有了大一统的国家，必须具有适应这种大一统国家的统一思想，只有上下统一，才能保证法制号令规章制度的畅行。

宋代的欧阳修、朱熹继续发展完善了"大一统"思想，将"正统"理念与其相互融合，强调"大一统"必须以"正统"或"有德"者为中心，从而更好适应社会政治发展的现实需要。

二、中国古代德育的方法

在中国古代丰富的德育思想指导下，先贤哲人对实施德育的途径和方法进行了一系列探讨，提出了一套丰富的、有见地的德育施教学说。

（一）因材施教法

因材施教法是中国古代德育重要的一个教化方法，主旨在于人与人之间是存在差异的，个体之间的区别明显，每个人身上具备不同的特点和能力，体现在能力、志向、爱好、品德等方面也有着明显差异。基于这样的情况，实施德育的教化就需要从实际出发，对具有不同素养、能力、品德的人采取不同的教育方法，教授以不同的教育内容。

据说，孔子门人有三千，他就非常注重根据弟子的不同情况，实施不同的方法。《论语·先进》有过这样的记载："子路问：'闻斯行诸？'子曰：'有父兄在，如之何其闻斯行之？'冉有问：'闻斯行诸？'子曰：'闻斯行之。'公西华曰：'由也问闻斯行诸，'子曰：'有父兄在'；求也问'闻斯行诸'，子曰'闻斯行之'。赤也惑，敢问。子曰：'求也退，故进之；由也兼人，故退之。'"

（二）循序渐进法

循序渐进法的含义，认为要通过循序渐进的方式开展德育的教化，这种方式强调要由浅入深，由少到多，分步骤、分批次、分层次进行，否则会欲速则不达。先贤圣人的培养本身就不能一蹴而就，需要从小开始，从一点一滴中融入德育的理念和内涵。《论语·子罕》就体现了这种方法："夫子循循然善诱人，博我以文，约我以礼，欲罢不能。"

南宋的理学大师朱熹也认为"从细小做起，方能克得如此大。"王夫之也说："大小精粗，俱学者所不可遗之事，而以小子质性之不齐，姑且使修其小且粗者，俾其事之易尽，而以渐得其理，然后授之以大且精者之事，而以用力之熟，扩充有目，则大且精者之事可得而学矣。"

（三）启发诱导法

《论语·述而》有云："不愤不启，不悱不发。举一隅不以三隅反，则不复也。"这里的"启"和"愤"体现的就是启发诱导的过程，学生在学习的时候要针对问题，形成自己的思考。有了这样自主思考的过程，老师就可以通过启发，让学生进一步深入思考，告其一隅使其推知其他三隅，最后才能全部学懂弄通。

《礼记·学记》中也有关于这种方法的具体论述："君子之教，喻也。道而弗牵，强而弗抑，开而弗达。"也就是说启发诱导要注重引导和鼓励，拓宽思考的思路和方向，而不能强制、压抑，只有积极调动学生学习的自主性和能动性，才能真正达到"师者，所以传道授业解惑也"的教学目的。

（四）寓教于乐法

寓教于乐法也是中国古代德育常用的一种方法，倡导通过音乐在娱乐中对受教育者进行道德的教化，在潜移默化中陶冶人们的情操，这也符合"兴于诗，立于礼，成于乐"的论断。

荀子在《乐论》中，也充分阐释了音乐在德育教化中所起到的积极作用，认为音乐可以感人至深，可以让人性情平和，从而营造君臣和睦、父亲子孝的社会局面。

德育的寓教于乐着力于使用音乐这一抓手，通过娱乐、游戏的方式，让人在喜乐的过程中受到启发和启迪。由此，北宋的程颢和程颐、明代的王阳明等认为可以通过对童子实行歌舞教育进而实现德育的教化，"教人未见意趣，必不乐学"，"别欲作诗，略言教童子洒扫应对事长之节，令朝夕歌之，似当有助"。"古人为学易，自八岁入小学，十五入大学，舞勺舞象，有弦歌以养其耳，舞干羽以养其气血，有礼义以养其心。"

中国古代流传下来的儿童启蒙名篇，如《三字经》《百家姓》《千字文》等，知名度极高，可以说是家喻户晓，无人不知。时至今日，寓教于乐法仍不失为一种很好的德育教学方法。

（五）教学相长法

教学相长法看重师生之间良好的关系构建，认为师生之间可以通过相互学习、相互探讨，达到取长补短、互相促进的根本目的。《礼记·学记》有云："是故学然后知不足，教然后知困。知不足，然后能自反也；知困，然后能自强也。故曰：教学相长也。"

韩愈在《师说》名篇中更是有着这样的记载："孔子曰：'三人行则必有我师！是故弟子不必不如师，师不必贤于弟子。'"这句话解释为，孔子说：几个人一起走，其中一定有可以当我的老师的人。因此，学生不一定不如老师，老师不一定比学生贤能。

三、中国古代德育的特征

中国古代德育思想内容丰富，体系发展完备，特征也非常鲜明，符合时代发展的需要，对于国家的安定、民族的团结，产生了积极的作用和影响。

（一）内圣外王，修身为本

中国古代德育思想非常注重修身功能的发挥，"修己以敬"是成为君子的第一步。个人通过不断修炼自身的道德修养，启发内在的道德自觉，从而实现品行的提升和德行的升华，甚至可以成为圣贤哲人。

颜回，是孔子最得意的门生，孔子对颜回称赞最多，赞其好学仁人，是七十二贤之首。他虽然身居陋巷，身无长物，甚至有时难以果腹，但是却怡然不改其乐。有人问如此困境所示何事，颜回回答说非乐贫而乐道也。孔子就曾对其再三称道："贤哉回也，贤哉回也。"

儒家德育思想认为修身的根本是要实现"内圣外王"。所以"内圣"就是内以修养自身品格，以期成就圣贤人格；而"外王"就是外以平治天下，以期建立不朽功勋，从而造福黎民百姓。

（二）知行结合，以行为本

中国古代德育思想认为知行二者之间是紧密相依，有机结合的。"讷于言而敏于行"，"君子耻其言而过其行"，这两句话充分说明了道德修养的塑造不能只是停留于口头之上，还必须付之于行动和实践，才能落地、生根，取得德育的实效。

宋代理学名家朱熹认为"知行常相须，如目无足不行，足无目不见"，明代王守仁也曾说"真知即所以为行，不行不足谓之知"，这些无疑都在强调知行合一，以行为本的重要性。

（三）立足当前，胸怀大志

中国古代德育第三个重要特征，是认为要立足当前，胸怀大志。社会的每个个体都要胸怀雄心壮志，有做大事业的凌云壮志，正所谓"仕而优则学，学而优则仕"。

孟子对于这个观点也有着深刻的论述："天子不仁，不保四海；诸侯不仁，不保社稷；卿大夫不仁，不保宗庙；士庶人不仁，不保四体。"这也意味着要实现以上的种种理想状态，就必须从小事做起，不积跬步无以至千里，不积小流无以成江海。

中国古代有句名言，"勿以恶小而为之，勿以善小而不为"，也表达了同样的价值意蕴，不要因为是件较小的坏事就去做，不要因为是件较小的善事就毫不关心。古代德育倡导的就是要秉持"一屋不扫，何以扫天下"的英雄气魄，从小事做起，从身边事做起。

第三节 中国古代德育的借鉴与思考

中国古代社会是一个讲求"德治为本"的社会，德育的成败与否事关社会的稳定，国家的发展，社稷的长久。纷繁复杂的中国古代德育体系中蕴含着丰富的德育思想，开展了系统的德育教化和实践，通过认真梳理、研究和分析其中的精华和糟粕，对于继承和弘扬中华民族传统美德，加强和改进现代社会的德育工作，有着重要的历史意义和积极的现实意义。

习近平在纪念孔子诞辰2565周年国际学术研讨会暨国际儒学联合会第五届会员大会开幕会上的讲话中指出："中国优秀传统文化的丰富哲学思想、人文精神、教化思想、道德理念等，可以为人们认识和改造世界提供有益启迪，可以为治国理政提供有益启示，也可以为道德建设提供有益启发。"[1]

五千年悠久而宝贵的历史文化，不应该只是成为过去的存在，将历史与现实相结合，将传统与现代交相辉映，在社会主义新时代的今天，以德引领社会风气，促进社会和谐发展，才是教育事业兴旺发达的应有之义。

---

[1] 习近平. 在纪念孔子诞辰2565周年国际学术研讨会暨国际儒学联合会第五届会员大会开幕会上的讲话[N]. 人民日报，2014-09-25(2).

一、涵养"礼"的规范，构建社会主义和谐社会

"礼"——作为中国传统文化的重要范畴，既具有广泛的外延，又富有丰富的内涵。一方面，"礼"表现为一种社会政治理想，希望打造天下大同的理想社会；另一方面，"礼"也是一种伦理道德规范，引导、制约人们的思想行为，维护社会的安定和发展。中国古代文化从某种程度上来讲，就是一部"礼"的发展史，既是"礼"的文化，又是"礼"的政治。

（一）坚守古代"礼"的涵养

中华民族数千年的发展历史，有分有合，也历经战乱和分裂，但总体上说来一直处于"大一统"的政治格局之下。《诗经·小雅·北山》中关于"普天之下，莫非王土，率土之滨，莫非王臣"的记载，表达的就是大一统思想。

国家的"大一统"观念源远流长，深深扎根于历代统治者和当权者的头脑之中，一直被中国人所热爱并推崇。得益于绵延后世的"大一统"思想，后世中国版图扩大，疆域稳固，几千年的中华文明一直延续并保存了下来。

在"大一统"的过程之中，中国古代德育所培育的"礼"的规范和价值取向，对于社会的稳定和谐、百姓的安居乐业、社稷的千秋万代，发挥了重要的作用，起着良好的影响。中华民族数千年来形成的宽容礼让、谦恭善良、求大同存小异等优秀传统文化，构成了中华民族精神的基调和源流，是一种长期的价值取向和文化积淀。

中国素有礼仪之邦的美誉，"礼"是中华民族为人处世的美好品德，好礼、有礼、重礼、赞礼，倡导人们以恭敬之心、谦恭之情、辞让之意去对待身边的人，身边的事，以构建人际关系中的安宁、和睦、尊重。"礼"——作为中华民族的传统美德，虽然伴随着社会生产力的发展、生产关系的变化、思想文化的变迁、异族文化的影响，其内涵和特征也在

不断发生变化，但是万变却不离其宗。

从总体上来看，中国古代德育倡导"礼"文化作为古代社会各种制度的道德标尺和价值准绳，一直以来都是我国古代社会所寻求并期待的理想社会运作模式。"礼"是系统化的社会典章制度和行为规范，在规范社会秩序、维护社会稳定、促进社会发展等方面做出过巨大的贡献，对中华文化产生了极为深远的影响。

（二）拓展现代"礼"的影响

习近平总书记在山东曲阜孔府考察时指出："一个国家、一个民族的强盛，总是以文化兴盛为支撑的，中华民族伟大复兴需要以中华文化发展繁荣为条件。"[①]中华文化作为中华民族的文化基因和精神支柱，以海纳百川的胸襟包含了不同民族、不同地方的文化内涵，相互发展、相互融合、相互促进，形成了多元一体、博大精深、源远流长的文化特征。

"礼"价值取向作为一份珍贵的文化遗产，虽然历久弥新，但是对于构建社会主义和谐社会仍然意义重大。在今天，"礼"的文化经过革新和发展，取其精华，弃其糟粕，接受新时代的洗礼和检阅，必将焕发新的光彩，爆发新的生命力，继续推送社会主义和谐社会的建立，各民族的发展进步！

社会主义和谐社会是人类孜孜以求的一种美好社会，是中国共产党所不懈追求的一种社会理想，是新世纪新阶段我们党从中国特色社会主义事业总体布局和全面建设小康社会全局出发提出的重大战略任务。

社会主义和谐社会要具备以下基本特征：

民主法治、公平正义、诚信友爱、充满活力、安定有序、人与自然和谐相处。以上六个基本特征内容丰富，彼此相互影响，又相互作用，

---

① 习近平. 汇聚起全面深化改革的强大正能量[N]. 人民日报，2013-11-29(1).

是社会关系，人与自然关系的总体要求，是构建和谐社会的标准。

进入新时代中国特色社会主义之后，党和国家事业要走向健康、有序、高效发展，社会的主要矛盾发生了变化，已经转化为人民日益增长的美好生活需要和不平衡不充分的发展之间的矛盾。主要矛盾的转变也充分说明了社会主义社会基本矛盾在当代中国，表现为新的性质、新的内容、新的要求，是实现人民需要和社会发展的历史性跃升。

根据目前我国经济社会发展所面临的阶段性特征和阶段性任务，社会各种矛盾也层出不穷，涉及经济、文化、科技、教育、就业等层面。

在实行社会主义市场经济的过程中，由于涉及的利益主体多元，关系也比较错综复杂，因此社会矛盾的表现形式也呈现出不一样的时代特点，表现在以下几个方面：

第一，矛盾的群体性在一定程度上有所增强，如集体访、越级访、择机上访等；

第二，矛盾的对抗性在一定程度上有所增强，一旦矛盾不能得到解决，纠纷当事人不能得到安抚，他们所呈现的对立情绪则会越来越激烈，随之加深了矛盾的对抗性；

第三，矛盾的突发性在一定程度上有所增强，很多矛盾、纠纷可谓一触即发，发展进程非常之快，甚至有些会转化为刑事案件，产生不利的社会影响，危及人民的生命财产安全；

第四，矛盾的复杂性在一定程度上有所增强，从社会纠纷的内容来看，矛盾纠纷的关注点会呈现出多元化特质，不单单集中在单一的某个方面，而是混杂着多方面的利益诉求。

新时代构建国家的现代治理体系，需要在坚持中国共产党的领导之下，推进国家、市场、社会各司其职、各尽其责，在最大层面实现三者之间的良性互动和协同共治，发挥治理的最大效能，这也是当今中国社会发展的必然价值和逻辑诉求。

"重视古代德育思想的价值不是照搬原有的思想，而是要在创新基础上发扬"①，面对如此错综复杂的社会局面，拓展现代社会"礼"的内涵，化解矛盾，调解纠纷，对于巩固改革开放的伟大成果，维护人民群众的根本利益，具有重要的现实意义。

今天，现代国家治理体系的构建需要充分汲取古人的历史智慧，继承崇德重礼的社会风尚，发挥中国古代德育"礼"的规范作用，将依法治国和以德治国相统一，发挥礼序家规、乡规民约的教化作用。树立社会的礼仪之道，崇礼、尚礼、知礼、懂礼、守礼、行礼，更好满足人民在经济、政治、文化、社会、生态等方面日益增长的需要，更好推动人的全面发展、社会全面进步。

二、培育"忧患"的意识，构建人类命运共同体

自1840年鸦片战争爆发之后，中华民族逐渐变得灾难深重，国家政权日益风雨飘摇，人民生活越加水深火热。争取国家独立、人民当家作主，是整个社会的殷切期盼和希冀。但是，争取民族独立的道路并非一帆风顺，无论是农民阶级发动的太平天国，还是资产阶级维新派主导的"戊戌变法"，任何形式的革命如果不能在真正意义上推翻封建社会的统治根基，要想实现民族独立，实现自我救赎，是根本不可能的。

1921年7月1日，中国共产党成立。作为工人阶级和中华民族的先锋队登上历史舞台之后，中国共产党便团结和带领全国各族人民，以马克思列宁主义为指导，努力奋斗，浴血奋战，最终取得新民主主义革命的胜利，建立了中华人民共和国。

2021年，中国共产党成立100周年大会，举国上下，欢腾雀跃。习近平指出："中国共产党一经诞生，就把为中国人民谋幸福、为中华民族谋复兴确立为自己的初心使命。一百年来，中国共产党团结带领中国人民进行的一切奋斗、一切牺牲、一切创造，归结起来就是一个主题：

---

① 段亚玲. 中国古代德育思想的现代价值[J]. 职业技术，2007(24)：42-43.

实现中华民族伟大复兴。"①这句话，充分诠释了中国共产党与中华民族命运相伴而生的历史逻辑，印证了百年来中华民族走上民族复兴的伟大历程。

改革开放40多年来，中国实现了华丽的转身和惊人的蜕变，不仅经济总量跃居世界第二，国家的政治、经济、科技、国防、文化、卫生、教育等事业的发展可谓是齐头并进，取得了世人瞩目的成就。所有的这一切，都成为接近和实现中华民族伟大复兴梦想的现实基础和社会条件。

但不可否认，中国作为一个发展中国家，面对国际社会日益激烈的竞争，仍然要应对各种现实的挑战，解决出现的问题。中华民族要继承和发扬古代德育所倡导的深沉而热烈的"忧患"意识，面临危难、困境之时，坚韧不屈，勇于担当，敢于实践，继而扛起历史的使命和时代的重任，以此来化解社会矛盾，消解社会危机，实现中华民族的伟大复兴，共建人类命运共同体。

（一）践行"忧患"意识实现中华民族伟大复兴

实现中华民族伟大复兴是近代以来中华民族最伟大的梦想。"中华民族伟大复兴，是鸦片战争170多年来每一个中国人的梦想。这个梦想凝聚了几代中国人的夙愿，体现了中华民族和中国人民的整体利益，是每个中华儿女的共同期盼。"②1921年7月1日，中国共产党一经成立，就义无反顾肩负起实现中华民族伟大复兴的历史使命，团结带领人民进行了艰苦卓绝的斗争，谱写了气吞山河的壮丽史诗，"为开创中国特色社会主义道路、实现中华民族的伟大复兴做出了巨大贡献，提供了宝贵

---

① 习近平. 在庆祝中国共产党成立100周年大会上的讲话（2021年7月1日）[N]. 人民日报，2021-07-02（2）.
② 侯远长. 实现中华民族伟大复兴的中国梦[J]. 郑州大学学报（哲学社会科学版），2013，46（4）：5-8.

经验、理论准备和物质基础"①。

在今天,"实现中华民族伟大复兴的中国梦,就是要实现国家富强、民族振兴、人民幸福,既深深体现了今天中国人的理想,也深深反映了中国人自古以来不懈追求进步的光荣传统"②,这个价值指向和逻辑得到了亿万中国民众的广泛认同,引发了情感共鸣,成为当代中国奋进新征程的行动指南,因此实现中国梦必须"大力弘扬以改革创新为核心的时代精神,为实现中华民族伟大复兴的中国梦提供共同精神支柱和强大精神动力"③。

作为一场让中国人民振奋无比的伟大事业,这条道路上无疑会出现许多新困难、新问题、新挑战,面临着许多艰难与险阻,也不可能一帆风顺。无论是身处顺境还是逆境,全国亿万人民以实现中华民族伟大复兴的中国梦作为初心和使命,时刻秉承着"忧患"意识和理念,在中国共产党的领导下,不畏强敌、不惧风险、敢于斗争、勇于胜利。不管国际和国内形势发生何种变化,也不管遇到任何惊涛骇浪,只有锚定目标、主动作为、前仆后继、艰苦奋斗,才能带领中华民族沿着正确方向坚定前行。

在实现中华民族伟大复兴的历史进程中,全国上下要构筑起强大的精神纽带,凝结成磅礴的精神动力,胸怀"忧患",携手同心,砥砺奋斗,谱写中华民族发展的伟大篇章,实现国富民强,民族振兴。

(二)践行"忧患"意识共建人类命运共同体

"人类正处在大发展大变革大调整时期,也正处在一个挑战层出不

---

① 侯远长. 实现中华民族伟大复兴的中国梦[J]. 郑州大学学报(哲学社会科学版),2013,46(4):5-8.
② 习近平. 文明交流互鉴是推动人类文明进步和世界和平发展的重要动力[J]. 思想政治工作研究,2019(06):7-19.
③ 习近平. 大力弘扬伟大爱国主义精神 为实现中国梦提供精神支柱[N]. 人民日报,2015-12-31(1).

穷、风险日益增多的时代。"①世界各国之间虽然竞争激烈，但是又荣辱与共，无法独善其身。地球上的每个国家、每个民族的前途和命运都是紧密相依，融为一体的，面对各种困难和挑战，必须共同承担，精诚合作，主动作为，才能更好维护人类的共同利益。

身处这样的历史洪流，为适应百年未有的全球大变革之需要，"构建人类命运共同体是一个美好的目标，也是一个需要一代又一代人接力跑才能实现的目标。中国愿同广大成员国、国际组织和机构一道，共同推进构建人类命运共同体的伟大进程"②，这是中国为了应对各种困难和挑战、维系世界和平和发展而提出的中国智慧和中国方案。

构建人类命运共同体以弘扬人类共同价值为理念，是人类文明迈向和谐发展的路径选择，既体现了社会主义建设规律，又体现了人类社会发展规律。人类社会要更加注重紧密团结，精诚协作，建立起国家间交往的新模式和合作的新范式，以融合不同民族、种族的文化来建立起坚实的屏障，共同应对未来的挑战，促进全球发展和全球安全，为世界和平与发展注入强大正能量。

中华民族要以"忧患"意识为警醒，突破民族主义的限制，倡导"坚持对话协商、共建共享、合作共赢、交流互鉴、绿色低碳，建设一个持久和平、普遍安全、共同繁荣、开放包容、清洁美丽的世界"③。

三、践行"爱国"的情怀，贯穿国民教育和精神文明建设全过程

中国古代德育将"爱国"教育放在了重要的地位，无论是奴隶社会，还是封建社会，统治阶级和当权者致力于通过正统的教化和引导，塑造

---

① 习近平. 习近平出席"共商共筑人类命运共同体"高级别会议并发表主旨演讲[N]. 人民日报，2017-01-20(1).
② 习近平. 习近平出席"共商共筑人类命运共同体"高级别会议并发表主旨演讲[N]. 人民日报，2017-01-20(1).
③ 习近平. 习近平出席"共商共筑人类命运共同体"高级别会议并发表主旨演讲[N]. 人民日报，2017-01-20(1).

百姓对于国家、民族的爱国之心。

今天，中国步入了社会历史发展的新时期，千百年来爱国主义情感的深厚积淀，必将绽放更加耀眼的光芒。

（一）"爱国"要浸润中华民族的传统底色

"爱国，是人世间最深层、最持久的情感，是一个人立德之源、立功之本。"①

自古以来，中国的政治伦理和社会教化将"爱国"作为战胜各种困难，积极团结向上的思想利器，"爱国"的情怀也是各族人民最深厚情感、最感人情谊的完美阐释。

在"大一统"国家观的深刻影响下，爱国情怀激荡着人们的心灵，无数仁人志士为维护国家的独立、主权的完整而前仆后继，甚至献出了自己宝贵的生命也在所不惜。在"爱国"精神的感召之下，中国共产党带领着中国人民历经千辛万苦，终于成立了中华人民共和国，从此走上了民族复兴的伟大道路。

当进入新时代中国特色社会主义的历史方位，爱国主义的教育要继续浸润中华民族的传统底色，顺应时代发展和现实需要，成为引领社会进步、时代发展的旗帜和标杆。

（二）"爱国"要渲染传统文化的内容元素

爱国主义作为一个民族、一个国家赖以生存与发展的基本精神，是社会民众所普遍具有的一种情感标杆和道德准则。

今天的爱国主义教育要在尊重历史的前提下，依托于中华民族五千年的优秀传统和璀璨文化，依托于中国古代所形成的系统的爱国教育观，依托于古代爱国主义的教育实践成果，将爱国主义教育与中华民族

---

① 习近平. 在北京大学师生座谈会上的讲话[N]. 人民日报，2018-05-03(2).

的传统文化相结合,"弘扬爱国主义精神,必须尊重和传承中华民族历史和文化。对祖国悠久历史、深厚文化的理解和接受,是人们爱国主义情感培育和发展的重要条件"①。

(三)"爱国"要彰显当代中国的社会需要

"要把爱国主义教育贯穿国民教育和精神文明建设全过程"②,这是一项中华民族爱国情怀的重要工程,是支撑实现中华民族伟大复兴的精神动力,"引导人民树立和坚持正确的历史观、民族观、国家观、文化观,不断增强中华民族的归属感、认同感、尊严感、荣誉感"③。

开展爱国主义教育必须以培育人民群众对国家的归属感和认同感为重点,以激发民族的自信心和自豪感为抓手,这样才能塑造出理性的爱国主义情怀,才能拓展务实的爱国主义教育实践。

---

① 习近平. 大力弘扬伟大爱国主义精神 为实现中国梦提供精神支柱[N]. 人民日报, 2015-12-31(1).
② 习近平. 大力弘扬伟大爱国主义精神 为实现中国梦提供精神支柱[N]. 人民日报, 2015-12-31(1).
③ 习近平. 大力弘扬伟大爱国主义精神 为实现中国梦提供精神支柱[N]. 人民日报, 2015-12-31(1).

第二章
"互联网"时代的发展与沿革

美国学者卡斯特曾说:"作为一种历史趋势,网络社会是信息时代的支配性功能与生产、经验、权力与文化过程中的操作和结果。"[1]在网络时代,网络作为信息传输、接收、共享的虚拟平台,通过它把各个点、面、体的信息联系到一起,从而实现这些资源的共享。网络是人类发展以来最重要的发明,促进了科技和人类社会的发展。

网络时代作为一个崭新的时代名词,也就意味着网络把各方面信息通过网络连接起来。网络会借助文字阅读、图片查看、影音播放、下载传输、游戏、聊天等软件工具从文字、图片、声音、视频等方面给人们带来极其丰富的生活和美好的享受。可以说,谁掌握了信息,谁就控制了网络,谁就拥有了整个世界。网络时代背景下,网络生存方式已经深深地融入了民众的学习和生活之中,成为不可或缺的重要组成部分。

第一节 "互联网"时代的到来

互联网日新月异的时代,人类社会的生活方式会以"数字化生存"的形式而存在,"这世界上有很多人相信,物体的表象背后必有生命,即使是表面上无生命的东西如石头、水泥等,体内也有其生命"[2],因为对

---

[1] 曼纽尔·卡斯特. 网络社会的崛起[M]. 夏铸九等,译. 北京:社会科学文献出版社,2001:569.

[2] 阿尔文·托夫勒. 第三次浪潮[M]. 黄明坚,译. 北京:中信出版社,2006:106.

于大众而言,"今天,我们即将跃入一个社会记忆的崭新阶段。传播媒体的多样化、新媒体的发明、卫星探测、电子医学侦测方法、公司档案的电脑化。"[①]

图1 互联网改变了人类生活

一、"互联网"的起源

(一)计算机

1. 计算机的概念

计算机(computer),俗称电脑,是现代一种用于高速计算的电子计算机器,可以进行数值计算,又可以进行逻辑计算,还具有存储记忆功能,是能够按照程序运行,自动、高速处理海量数据的现代化智能电子设备。

计算机的组成有两个部分,硬件系统和软件系统。1946年,计算机首次出现,发明者是约翰·冯·诺依曼。自从问世以来,计算机便成为

---

① 阿尔文·托夫勒.第三次浪潮[M].黄明坚,译.北京:中信出版社,2006:111.

了 20 世纪最先进的科学技术发明之一，并被不断应用于军事科研、社会生活等各个领域，引发了人类社会的深刻变革。

现在，计算机的应用非常普遍，用户数也不断增加，成为了社会发展的主要工具之一。

2. 计算机的发展阶段

计算工具的演化经历了一个从简单到复杂、低级到高级的发展阶段，计算机工具发展的不同阶段与现代计算机的出现紧密相关。

（1）第 1 代：电子管数字机（1946—1958 年）

图 2　第 1 代计算机——电子数字机

电子管数字机的逻辑元件采用的是真空电子管，主存储器采用汞延迟线、阴极射线示波管、静电存储器、磁鼓、磁芯；外存储器采用的是磁带。软件方面采用的是机器语言、汇编语言。应用领域以军事和科学计算为主。

但是电子管数字机缺点也非常明显，表现在体积大、功耗高、可靠性差、速度慢（一般为每秒数千次至数万次），由此应用的成本价格也相对比较昂贵。但毋庸置疑,电子管数字机为以后的计算机发展奠定了基础。

(2)第2代:晶体管数字机(1958—1964年)

计算机发展到了第2代,就是晶体管数字机。这种类型的计算机在软件方面的操作系统、高级语言及其编译程序应用领域主要是以科学计算和事务处理为主,并逐渐在日后涉猎于工业控制领域。

晶体管数字机的特点主要在于体积缩小、能耗降低、可靠性提高、运算速度提高(一般为每秒数10万次,可高达300万次),和第1代计算机相比较,晶体管数字机已经有了很大的进步和提高。

(3)第3代:集成电路数字机(1964—1970年)

在硬件方面,集成电路数字机的逻辑元件采用的是中、小规模集成电路(MSI、SSI),主存储器仍采用的是磁芯。它的软件方面出现了分时操作系统以及结构化、规模化程序设计方法。

集成电路数字机特点表现为速度更快(一般为每秒数百万次至数千万次),而且可靠性有了显著提高,价格进一步下降,产品走向通用化、系列化和标准化等。它的应用领域拓展到了文字处理和图形图像处理领域,让计算机的发展日益渗透到社会生活的方方面面。

(4)第4代:大规模集成电路计算机(1970年至今)

计算机发展进入到第4代的成果,便是大规模集成电路计算机的出现。1971年,美国硅谷出现了世界上首台微处理器,应用领域也更为广泛。

1983年,我国研制成功了银河Ⅰ型巨型机,每秒运算一亿次。1993年,银河Ⅱ型通用关型计算机出现,每秒可以运算高达十亿次。

(二)阿帕网

"阿帕"(ARPA)是美国高级研究计划署(Advanced Research Project Agency)的简称,其核心机构之一是信息处理(IPTO Information Processing Techniques Office）。

1968年，美国国防部高级研究计划署开发的世界上第一个运营的封包交换网络——阿帕网，是全球互联网的始祖，由此美国国防部高级研究计划署获得了高达筹备金520万美元和两亿美元项目总预算。

1969年，阿帕网最初投入使用时共设置4个节点，通过通信交换机和通信线路将位于各个结点的大型计算机采用分组交换技术相互连接。1970年，阿帕网的分散点扩大到15个节点。1973年，阿帕网利用卫星技术与英国、挪威实现连接，进而扩展到世界范围，互联网的萌芽由此产生。

相比之下，阿帕网显得非常原始，传输速度也非常慢。但是，阿帕网的四个节点及其链接，已经具备网络的基本形态和功能，因此被认为是网络传播的"创世纪"。

但是，在阿帕网问世的时候，大部分的电脑之间还是不能互相兼容的，因此如何使硬件和软件都不同的电脑能够实现真正意义上的互联，是今后互联网发展中一直致力于解决的问题。后来，文顿·瑟夫发明了TCP/IP协议，由此在互联网的发展历史上做出了首屈一指的贡献，被人们称为"互联网之父"。

（三）互联网

当进入1982年的时候，阿帕网因为各种原因被停用了。1983年，阿帕网被分为用于军事及国防部门的军事网以及用于民间的阿帕网版本。后来，用于民间的阿帕网这部分就被改名，变成了"互联网"。

同年，文顿·瑟夫发明的TCP/IP协议在众多网络通信协议中最终胜出，也是后来发展至今，社会所一直共同遵循的网络传输控制协议。

1991年8月6日，万维网服务（World Wide Web Services）首次公开亮相。它是通过标准的描述性界面（Web Services Description Language）与SOAP（Simple Object Access Protocol）来设计、开发、管理可编程访问

的 Web 组件的技术与标准的总称。

二、"互联网"的概念与特点

（一）"互联网"的概念界定

网络，主要指的是国际互联网（Internet）即国际信息互联网，特指集通信、网络、计算机、数据库以及日用电子产品于一体的电子信息交换系统①。从不同的角度出发，网络这个词语可以给出不同的含义，在意义的表达上也会存在一定的区别和差异。董向前认为："在广义属性出发，网络是指一种直观可感的脉络体系，是在一定的逻辑思维下形成的对某种事物的形象概括和总结，广涉政治、经济、文化等各个生活领域。从狭义的属性对网络进行解读，就是以信息技术革命为主题引领的一种特殊媒体载体，是信息交流和传达的工具和中间平台"②，这

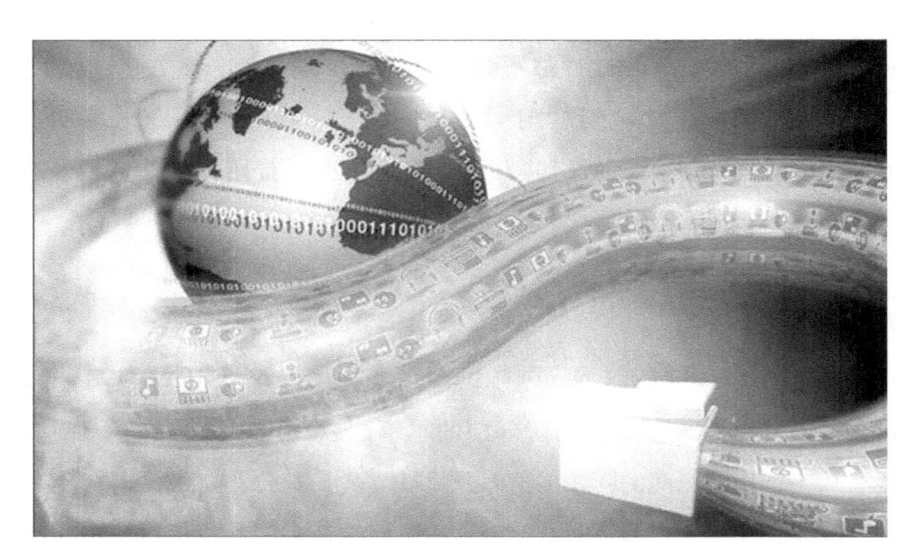

图 3 "互联网"的诞生

---

① 谢海光. 互联网与思想政治工作概论[M]. 上海：复旦大学出版社，2000：1.
② 董向前，万海霞. 社会主义核心价值观视域下的爱国主义教育研究[M]. 长春：东北师范大学出版社，2018：130.

里所探讨的网络就是意指狭义属性上的内涵所在,"是将文字和思想按照预期的逻辑转换成任何形式的工具,在不同时间和区域的社会单元都可以进行信息分享和沟通的隐形平台。它作为情感联系的纽带开始在人们的交流中占据影响和重要地位,这是互联网时代所体现出的典型特征。"[①]

(二)"互联网"的特征表现

互联网对人类社会的巨大影响不仅仅表现为信息的获取、处理与传递,更表现为构建在信息技术之上的新型产业形态、社会经济、社会思维、人际交往方式、生活方式和新型文化,它甚至催生了虚拟生活的出现,引领人类进入一个全新的生活领域,让社会面貌和存在形式发生了巨大的改变,从而焕然一新。对于网络时代而言,这些改变与其所呈现的特征表现密不可分。

1. 互联网的开放性

互联网的开放性是最根本特性,整个互联网就是建立在自由开放的基础之上,网络作为一种"共有"的平台,面对任何群体开放,从而完全打破了传统媒体时代中交流的身份、地位的桎梏。网络是开放的,可以自由连接,而且没有时间和空间的限制,没有地理上的距离概念。1991年,超文本标识语言出现,改变了网络信息的传送方式。从此以后,在任何计算机的操作系统或者是浏览器上,所有文件都变成可读了。网络的开放性是对传统社会金字塔模式的解构,削弱了国家对信息的控制,为个体的发展提供了发展之可能。

2. 互联网的共享性

互联网的共享性就是以计算机等终端设备为载体,借助互联网这个面向公众的社会性组织,进行信息交流和资源共享,并允许他人去共享

---

① 董向前,万海霞. 社会主义核心价值观视域下的爱国主义教育研究[M]. 长春:东北师范大学出版社,2018:130.

自己的劳动果实，是互联网技术的核心应用。网络世界的共享性与开放性紧密相连，它与现实社会很大的一个区别，在于"信息传输只能局限在特定的领域内，针对有限的主题和思想进行阐述和表达，这就限制了网络信息传播下的信息发散性的实现"①。

3. 互联网的自由性

互联网的自由性特征源自互联网本身就是一个无国界的虚拟存在，在这个存在状态中，信息之间的传递是自由的，用户之间的言论互通是自由的，用户之间的使用状态是自由的。当然，这种自由性就是一把"双刃剑"，网络的自由衍生出了许多问题，因此网络社会参照现实社会，建立起了一套行为准则和价值标尺，这样一来自由也就具有了相对性，网络居民享受自由的同时，也需要履行相应的责任和义务。

4. 互联网的虚拟性

"所谓虚拟性，可以理解为技术让自然生活进入了一个全新的世界，能够不再单纯依据自然的力量，人类的思维和思想也可以成为现实生活中的一部分，创造出理想的世界，真正实现了'只有想不到，没有做不到'的全新时代，这是人化世界不断发展的结果。"②网络空间的虚拟性体现在空间虚拟、主体虚拟、客体虚拟、行为虚拟。这种虚拟世界的存在形态是无形的，它以知识、信息、消息、文字、图像、声音等作为自己的存在形式，而这些存在形式最终都归结为符号，因此与传统世界不同，网络世界的虚拟性是把现实生活中的各种身份、脸谱、场所等都模糊化、符号化和平等化。

5. 互联网的交互性

所谓互联网传播的交互性是指传播者和受众之间的双向互动传播，

---

① 闫佳卉. 网络时代大学生爱国主义教育的困境与突破[D]. 长春：吉林大学，2016：18.

② 闫佳卉. 网络时代大学生爱国主义教育的困境与突破[D]. 长春：吉林大学，2016：17.

即人们在使用网络媒体进行信息交流的过程中能够获得实时的反馈①。网络是一个及时性、交互性和社交性很强的媒介存在，可以通过分类或者是搜索的形式随时将海量的内容传递给用户，而不局限于时间、空间上的限制，这种双向互动传播时效性强，彼此之间可以在一定程度上进行直接双向交流。在互联网中存在着多种交互，主要包含传播者与传播者的交互、传播者与受众的交互、受众与受众的交互、媒介与媒介的交互、媒介与传播者的交互、媒介与受众的交互六种形式。将上述六种交互关系进行分类，也就是人际交互、媒介交互和人媒交互三种形式，他们共同构成了网络中的"交互场"。

6. 互联网的集成性

互联网时代，网络信息的集成性是指信息不具有边界和限制，就像是物理学中的黑洞，都可以被互联网吸收，从而没有上限。网络信息的集成，让互联网具备了海量的内容信息储备，拓宽了信息的来源，满足了受众的各种需要。

第二节 "互联网"时代的发展演变

如前面所介绍，互联网（internet）又称国际网络，指的是网络与网络之间所串连成的庞大网络，这些网络以一组通用的协议相连，形成逻辑上的单一巨大国际网络。

一、"互联网"的发展阶段

如前面所介绍，互联网（internet）又称国际网络，指的是网络与网络之间所串连成的庞大网络，这些网络以一组通用的协议相连，形成逻辑上的单一巨大国际网络。互联网发展的过程可以给人们带来很多启示。

---

① 闫佳卉. 网络时代大学生爱国主义教育的困境与突破[D]. 长春：吉林大学，2016：18.

从 1969 年 10 月阿帕网完成第一次计算机间的信息通信实验算起，互联网已经走过了 50 多年的发展历程。互联网的应用促进了互联网及其相关技术的快速发展，当初做互联网研究的科学家们很难想到互联网在今天有这么大的应用空间。

（一）"互联网"的发展节点

1957 年 5 月 4 日，苏联成功发射了第一颗人造卫星——斯普特尼克一号。斯普特尼克一号由苏联火箭专家科罗廖夫利用导弹改制而成，是航天启蒙时代的产物，是冷战时期太空竞争的标志，也是互联网发展的外因所在。

1958 年 2 月，美国成立了国防高级研究计划局，当时的名称是"高等研究计划局"（Advanced Research Projects Agency，简称 ARPA），该部门负责研发用于军事用途的高新科技。

1965 年，美国人保罗·巴兰曾参与 ARPANET 的建立，作为一名电机工程师，提出了分组交换的概念，对电脑网络的建立发挥了极大的贡献和作用。英国物理学家 D·W·戴维斯也提出了包交换技术，两人之间的原理如出一辙，仅仅只是命名不同而已。

1969 年 11 月 21 日，首个阿帕网连接建立之后，人类第一次网络通信发送了两个字母"L"和"O"。

1974 年 12 月，卡恩·瑟夫正式发表了第一份 TCP 协议详细说明。当时美国国防部与三个科学家小组签订了完成 TCP/IP 的协议，结果由卡恩·瑟夫领衔的小组捷足先登，首先制定出了通过详细定义的 TCP/IP 协议标准。当时他们将信息包通过点对点的卫星网络，再通过陆地电缆、卫星网络，再由地面传输，贯穿欧洲和美国，经过各种电脑系统，全程 9.4 万公里竟然没有丢失一个数据位，远距离的可靠数据传输证明了 TCP/IP 协议的成功。

1983 年 1 月 1 日，ARPNET 和美国防部正式使用 TCP/IP 标准，这一天也是互联网生日。

1989 年，Tim Berners Lee 和其他在欧洲粒子物理实验室的科学家提出了一个分类互联网信息的协议。

1991 年，是互联网大众化发展过程的一个关键年份，因为在这年里，互联网实现了万维网的内容可视化和站点化，并开发出了浏览器，网民大众可以通过使用可视化浏览器访问可视化的站点文字和图片信息，促进了互联网用户的大众化倾向。

1993 年，马克·安德森和一个同伴开发出了基于 Unix 版的 Mosaic 浏览器，从此以后，互联网用户可以通过轻轻点击鼠标，实现互联网的简便使用。

1994 年，Navigator 浏览器发布，大获成功，即使是普通人也能通过浏览器使用互联网了。

1994 年 4 月 20 日，中国互联网时代从此开启，一条 64K 的国际专线，全功能接入国际互联网。首次接入国际互联网的是清华、北大和中科院三家科研机构。后来，中国电信面向国内推出了价格较为低廉的 163 网和 169 网，让普通用户可以从电信局申请到上网账号。

（二）"互联网"的发展阶段

在第一阶段，人们通过对互联网建设发展的一系列理论和技术的研究，取得了初步成效，发明了分组交换理论等。

第二阶段，由于对互联网这一新生事物的未知性，人们只是在不同国家和领域内建立了"校园网""科研网"等小范围的局域网。

第三阶段，当 TCP/IP 协议发现之后，这一人类共同遵守的网络传输控制协议，促成了互联网的形成。

二、"互联网"的社会历史地位

互联网技术的出现，快速改变了人类的生产方式和生活方式，人类的生活逐渐向一种新的存在模式发生着转变。互联网产生于第三次工业革命，是第四次工业革命的核心要素，正在潜移默化地推进着人类社会历史的进程。

（一）第三次工业革命

生产力的跨越式发展促成了工业革命的发生和展开，而技术变革又是工业革命的动力源泉。人类历史发展阶段上经历的前三次工业革命中，第一次工业革命发端于 18 世纪 60 年代—19 世纪中期，英国瓦特改良的蒸汽机，标志着"蒸汽时代"的来临，机械生产逐步替代了手工生产。第二次工业革命则发生在 19 世纪下半叶—20 世纪初，科学开始大大地影响工业，大量生产的技术得到了改善和应用，人类开始进入电气时代，并在信息革命、资讯革命中达到顶峰，电气时代的到来把蒸汽时代推向了更高层次。

当历史的车轮驶入 20 世纪后半期，"信息时代"的到来，也意味着第三次工业革命的来临，人类进入科技时代，生物克隆技术的出现，航天科技的出现，欧美又称为 21 世纪系统与合成生物学将引发第三次工业革命，又称之为"生物科技与产业革命"。20 世纪人类开发了五大尖端技术：其中包含核开发技术、航天领域开发技术、计算机网络技术、激光应用技术以及基因配对重组技术[1]，在这些高尖端技术中最为基础也最为关键的应用就是电子计算机技术，以及在此之上发展形成的互联网技术。

第三次科技革命的出现，既是由于科学理论出现重大突破，一定物质、技术基础的形成，也是由于社会发展的需要，特别是第二次世界大战期间和第二次世界大战后，各国对高科技迫切需要的结果。

---

[1] 董光璧. 五百年来科学技术发展的回顾与展望[J]. 自然科学史研究，1997(2)：109-118.

（二）第四次工业革命

第四次科技革命，是继蒸汽时代革命、电气时代革命、网络信息时代革命之后所进行的又一场技术变革，是在以人工智能为基础上，机器人技术为辅助结合虚拟现实、量子信息技术以及可控核聚变和清洁能源结合生物技术为突破口的工业变革。

第四次工业革命利用信息化技术促进产业变革的时代，也就是智能化时代，以物理网络系统的出现为基础，因此又被称为"工业4.0"，其本质就是通过数据流动自动化技术，从规模经济转向范围经济，以同质化规模化的成本，构建出异质化定制化的产业。对于产业结构改革，这是至关重要的作用。

工业4.0驱动新一轮工业革命，核心特征是互联。互联网技术降低了产销之间的信息不对称，加速两者之间的相互联系和反馈，因此，催生出消费者驱动的商业模式，而工业4.0是实现这一模式的关键环节。工业4.0代表了"互联网+制造业"的智能生产，孕育大量的新型商业模式，真正能够实现"C2B2C"的商业模式。

（三）第五主权空间

1. 主权空间

主权（Sovereignty），是一个国家对其管辖区域所拥有的至高无上的、排他性的政治权力，语言文字以及文明的独立都是主权的体现，简言之，为"自主自决"的最高权威，也是对内依法施政的权力来源，对外保持独立自主的一种力量和意志。主权的法律形式对内常规定于宪法或基本法中，对外则是国际的相互承认，因此它也是国家最基本的特征之一。国家主权的丧失往往意味着国家的解体或灭亡。

当今主权的概念正因为其至高无上的排他性，外交官不断援引之；跨国组织及企业设法规避之；政治学家、宪法、国际法学者等学者仍争论之，讨论全球化及国际与区域组织对主权概念的影响。

当今世界国际关系中，国家关系建立在主权平等基础之上。随着人类对生活世界、生存世界认识的不断加深，今天的主权不仅包括陆地，还包括海洋和航空，不仅包括政治经济，还包括文化和生态，其内容也在不断丰富和变化。

2. 互联网主权

2014 年 5 月 22 日，"2014 年中国通信安全大会（CSC2014）"在北京顺利召开。中国工程院院士沈昌祥在会上指出"没有网络安全，就没有国家安全。"显而易见，网络空间已经成为陆、海、空、天之后的第五大主权领域空间，也是国际战略在军事领域的演进，对我国网络安全提出了严峻的挑战。

网络空间（cyberspace）是与陆、海、空、天并列的第五大主权空间，网络空间安全已经成为全球性的挑战，这不仅关系到传统信息安全所研究信息的保密性、完整性和可用性，同时还关系到构成网络空间基础设施的安全和可信，以及网络对现实社会安全的影响。

面临日益严峻的国际网络空间形势，中国要立足国情，加强战略规划和顶层设计，加快制定并出台国家的网络安全战略，坚持纵深防御，构建牢固的网络安全保障体系，为中国建设成为世界网络安全强国而努力奋斗！

3. 互联网主权内涵

网络空间，作为第五大主权空间，具有不同的权限本质的解释，这可以从四个层面来理解：

（1）网络空间的管辖权

所谓管辖权，就是拥有主权的国家，对本国网络主权所拥有的管理权限，例如通过对未被许可及未被授权进入的网络进行限制，对违背国家主观意愿的网站进行封停，同时对网络空间现状及网络生态发展进行监督和管理。

(2) 网络空间的独立权

所谓独立权，就是自己本国的网络由本国自己管理，不需要依赖外在的服务器等。但现实中全球大多数顶级服务器设备都是在美国境内。美国现在具有管理或者说控制全球独一无二的制网权，它也一直用这一点来威慑其他国家的网络边疆。因此，严格意义上，现在各国网络还根本无法实现独立存在及独立管理的权限。

(3) 网络空间的防卫权

所谓防卫权，指的就是拥有主权国家对外来网络攻击以及威胁具有对应防卫的权力。截至 2018 年，全球有 13 台域名服务器，其中美国掌握 10 台。这种情况下，就要针对根域名服务器进行攻击、限速、关停等，同时在紧急情况下做出及时准确的预判以及提供解决方法。目前，一些国家针对此项困惑给出的解决办法就是本国自行研制开发域名根服务器，如果受到外来攻击，即使外网连接断了也不会影响本国自己使用。总之，如果想拥有防卫权就必须要求主权国家拥有可以设置网络疆界及隔离境外网络进攻和抵抗反击的能力。

(4) 网络空间的平等权

所谓平等权，指的是各国之间拥有各自网络权，没有高低贵贱之分，通过对各自国家网络的管理实现各自预期规划，不会因为个人利益伤害他方利益，实现网络自由自主、协作共赢的局面。

(四) 人类生存方式的进化

1. 人类的生存方式

人类的生存方式指人类生活和存在的一种样式，且具有"两个统一性"的特性，即稳定性和流变性的统一、制约性与选择性的统一。其中，"稳定与流变的统一"指人类的生存方式在整个历史发展过程中并不稳定，但在历史发展过程中的某一固定时段中是具有相对稳定性的。生活方式的具体内容是人们的生活方式和人们生活的意义。因此，对生活方式的讨论不仅要考虑当前人类的生活方式，还要联系、比较、研究不同时期人类生存的方式。其次，"限制与选择的统一"意味着人类生存方式并非完全自由。它受某些社会因素的影响和制约，这是内部和外部因素的结果。一方面，特定时期人类的生活受到限制；另一方面，受到人的主观能动性的影响。由此，人类生存方式可定义为：在某一特定历史时期或环境背景下，存在"存在的基础"，利用多种实践来实现生命价值的存在。这是生活方式的基本内涵。

2. 互联网时代人类生存方式的变革

基于互联网虚拟社会的存在方式，人们的生产和生活、信息传递的方式，发生了前所未有的改变，包括行为习惯、生活方式、行为表现等。

首先是生产方式的转变。生产方式是人类生存的最重要因素。人类是与其他生物不同的物种。他们可以通过处理物品来产生劳动力，从而获得生活的需要。自互联网技术革命以来，人类的生产方式发生了巨大变化。在劳动力方面，在互联网技术为主要内容的背景下，对脑力劳动的需要突然急剧增加，社会需要大量高精级科技人才。在劳动工具方面，由于计算机和网络智能机器系统的出现，生产工具逐渐变得智能化。除了人体工具的扩展，还有人脑智能的延伸，即智能生产工具。不仅辅助人类完成生产，而且可以大大地提高生产效率。在劳动对象方面，自从互联网技术革命后，世界上的一切都成为劳动对象。随着互联网技术的全球化发展，"信息"成为最受欢迎的资源。

第二是生活方式的改变。在农业文明时期，人们自给自足，并且只与有"血缘关系"的部落进行交流。而随着互联网时代的降临，人类生活方式在此期间发生了巨大的变化，互联网技术促进了人们之间的交流，目前，城市居民使用在线社交网络作为社交的重要工具。由于社交网络的相关配套设施尚未完善，人们的理解水平无法适应互联网的发展速度，因此很难筛选和处理不健康的通信信息和社会问题。

第三是行为的改变。互联网领域产生许多新兴技术产品，例如："新媒体"的产生导致人类接受文化的形式转变，大量无逻辑、碎片化信息改变了人类固有的线性思维模式，缺乏约束的媒体环境也滋生了大量低级趣味。

第三节 中国"互联网"社会的演进和变革

1994年4月20日，中国实现与国际互联网的全功能连接，从此开启互联网时代。随着互联网的不断发展和推广，人们的观念和生活发生了翻天覆地的变化。

经过20多年的不懈努力，我国互联网发展应用突飞猛进，已成为世界上网民人数最多并且名副其实的互联网应用大国，取得了辉煌成就。从接入国际互联网到国家各个领域都广泛应用互联网，民众对互联网的认识也越来越深刻。互联网已经深刻改变着国人的生活，并成为国民经济发展的重要驱动力。

最近社区团购的兴起，惹得各大互联网巨头纷纷入局，这不得不让人感慨互联网已经在方方面面改变着人们的生活。例如在信息资讯方面，最早是通过报纸、电视获取，现在各种资讯网站和App成了民众获取信息的主要来源；在沟通交流方面，从最古老的写信、再到电话，现在通过一个手机软件就可以跟全世界认识和不认识的人都能交流等等。

互联网在中国的发展也就20多年的时间，它是如何一步步地改变着我们的生活呢？它未来又将如何继续影响呢？要回答这些问题，就要知道它如何而来和它的发展史。

一、中国"互联网"的发展阶段

1994年4月20日，一根64K的国际专线让中国接入了因特网，中国的互联网也由此拉开帷幕。在 20 多年里，中国互联网经历了四次浪潮。

(一)中国"互联网"的第一次浪潮（1994—2000 年）

此时主要是以新闻资讯为主的门户型网站，在这一阶段，中国政府科研单位历经数年的努力，推动互联网从信息检索，到全功能接入，再到商业化探索。

在这一阶段，诞生了中国的三大门户网站，1998 年也成为中国门户网站元年。

王峻涛在 1999 年创建了中国第一个电子商务网站 8848。当年 11 月，Intel 公司总裁贝瑞特访华，称 8848 是"中国电子商务领头羊"。美国《时代周刊》称 8848 网站是"中国最热门的电子商务站点"。同年邵亦波创立了易趣，在 2003 年以两亿多美元的价格被美国 eBay 收购。马云和他的十八罗汉也在那一年成立了阿里巴巴，腾讯 QQ 也在这一年横空出世。第一次浪潮末期，也就是 2000 年时，金融危机爆发，中国互联网第一次泡沫破灭，危机往往伴随着机会，BAT 三巨头就是在全球互联网寒冬的大环境下成长起来了。

(二)中国"互联网"的第二次浪潮（2001—2008 年）

2001 年到 2008 年是中国互联网的第二次浪潮，在这次浪潮中流行的是以用户实际参与为主的互联网产品。将第一次浪潮中资讯网站的单向型变成了双向互动型。典型形式有博客、论坛(BBS)、网络游戏、即时通信软件、社交网络(SNS)、搜索引擎等。

这一时期，普通大众对互联网的认知度和接受度逐步建立并且稳步成长。我国最早一批互联网公司相继成立，热情高涨，一路高歌，不畏互联网泡沫期带来的考验，努力探索互联网的商业模式。

论坛在第一次互联网大潮时尚处于潜伏期，那个时候的论坛界面难以入眼，操作复杂，多为专业人士使用。而到了 2005 年，随着猫扑、天涯、百度贴吧以及各种地方论坛的兴起，论坛开始进入普及阶段。在 2005 年到 2008 年期间，论坛进入黄金发展期，这个时候开始出现类似今天网络大 V 的网络名人。2009 年以后，各种新兴互联网平台对论坛造成了剧烈冲击，论坛渐渐转变或没落。

在论坛大肆发展的时候，网络游戏也逐渐兴起。在第二次互联网大潮里面，网络游戏是一颗闪耀的明珠。这个时期，各大游戏公司群雄逐鹿，跑马圈地。从 2004 年开始，各大网络游戏公司陆续上市。到了 2007 年后，网络游戏成为互联网公司主要盈利模式之一。到了 2020 年，网络游戏市场也由群强争霸变成了腾讯网易两强争霸。

除了网络游戏外，即时通信软件也在这个时期飞速发展，其中典型代表就是 QQ，早在第一次互联网浪潮的时候 QQ 就出现了，但受当时网络条件和电脑尚未普及的影响，直到第二次互联网大潮的到来，才进入高速发展期。2002 年，QQ 注册用户突破一个亿，到了 2004 年腾讯上市的时候，QQ 注册用户突破了三个亿，这为后面发展打下了基础。

在这次浪潮末期，该阶段成熟的互联网商业模式已经建立，"内容为王"的时代慢慢过去，开始转向"关系为王"的 web2.0。互联网的角色关系也开始转变，内容的缔造者不再只是网站，个体用户也可以参与其中，逐步通过内容来拓展自己的关系链，也就是我们常说的 SNS 时代（Social Networking Services），即社交网络服务也兴起，校内网也就是 SNS 典型代表。

（三）中国"互联网"的第三次浪潮（2009—2014 年）

2009 年到 2014 年是互联网的第三次大浪潮，这次浪潮标志着中国互联网产业已经与全球接轨，进入第一阵营。

在第三次浪潮中，中国互联网各项应用发展得到了全面提升。社交类、资讯类、电商类、娱乐类等应用遍地开花，繁荣发展。2010 年由于资本的涌入，团购产品呈现出井喷式的发展，短短一年内出现了1700多家团购网站，因此这一年也被称为团购元年，OTO这种商业模式也出现在了历史舞台。

从微博快速盛行，到2012年移动互联网的爆发，移动应用与消息社交网络并存，真正体现了互联网的社会价值和商业价值，互联网发展呈现空前繁荣的景象。

（四）中国"互联网"的第四次浪潮（2015年至今）

2015年，首次提出了"互联网+"这个新概念，就是把线下业务搬到线上，线上线下相结合。这一年阿里巴巴"双十一"的销售额达到了912亿元，这意味着电商产业在中国发展得越来越好。腾讯的王者荣耀也崭露头角，成为现象级手游。

二、数读中国"互联网"的发展

1994年4月20日，中国实现与国际互联网的全功能连接，从此开启互联网时代。随着互联网的不断发展和推广，人们的观念和生活发生了翻天覆地的变化。

不同于网络与人们生活泾渭分明的Web1.0时代，Web2.0时代是"人人都是自媒体"的移动互联网时代。经过了Web3.0时代，以网络化和个性化为特征，提供更多人工智能服务之后，人类现在迎来了更为高端的Web4.0时代，这也是计算机影响人类最深远的表现，倡导知识进行分配。

（一）"互联网"的基础建设加快

1. 基础资源提高

2022年2月25日，中国互联网络信息中心（CNNIC）发布了第49次《中国互联网络发展状况统计报告》。截至2021年12月，我国IPv4地址数量为 39249 万个，IPv6 地址数量为 63052 块/32，IPv6 活跃用户数达 6.08 亿；我国域名总数为 3593 万个，其中，".CN"域名数量为 2041 万个，占我国域名总数的 56.8%；截至 2021 年 12 月，我国移动电话基站总数达 996 万个，互联网宽带接入端口数量达 10.18 亿个，光缆线路总长度达 5488 万公里。

2020.12—2021.12 互联网基础资源对比

	2020 年 12 月	2021 年 12 月
IPv4(个)	389,231,616	392,486,656
IPv6(块/32)	57,634	63,052
IPv6 活跃用户数(亿)	4.62	6.08
域名(个)	41,977,611	35,931,063
其中".CN"域名(个)	18,970,054	20,410,139
移动电话基站(万个)	931	996
互联网宽带接入端口(亿个)	9.46	10.18
光缆线路长度(万公里)	5169	5488

（数据来源：中国互联网络信息中心 2022 年 2 月 25 日发布的第 49 次《中国互联网络发展状况统计报告》）

2. 宽带网速加速建成

截至 2021 年 12 月，我国互联网宽带接入端口数量达 10.18 亿个，比上年末净增 7180 万个。其中，光纤接入（FTTH/O5）端口达到 9.6 亿个，比上年末净增 8017 万个，占比由上年末的 93.0% 提升至 94.3%。

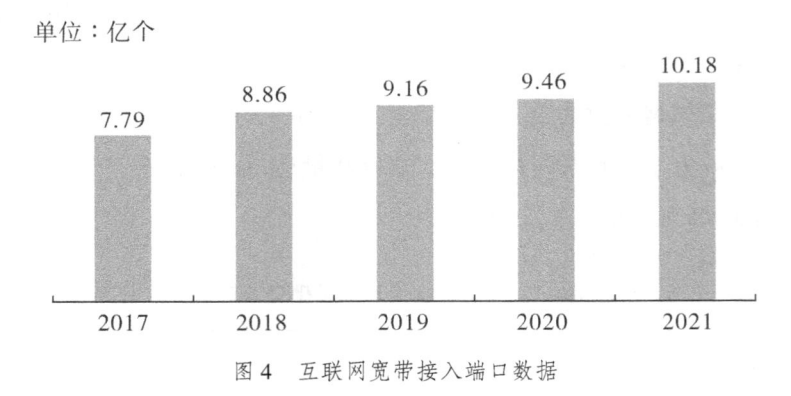

单位：亿个

```
  7.79   8.86   9.16   9.46   10.18
  2017   2018   2019   2020   2021
```

图 4　互联网宽带接入端口数据

（数据来源：中国互联网络信息中心 2022 年 2 月 25 日发布的第 49 次《中国互联网络发展状况统计报告》）

3. 光缆线路总长度稳步增加

单位：万公里

```
  3747   4358   4741   5169   5488
  2017   2018   2019   2020   2021
```

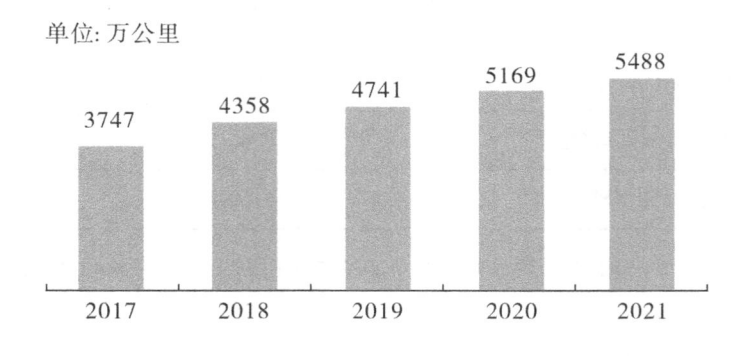

图 5　光缆线路总长度

（数据来源：中国互联网络信息中心 2022 年 2 月 25 日发布的第 49 次《中国互联网络发展状况统计报告》）

光缆线路总长度稳步增加。2021 年，新建光缆线路长度 319 万公里，全国光缆线路总长度达到 5488 万公里。其中，长途光缆线路、本地网中继光缆线路和接入网光缆线路长度分别达 112.6 万、1874 万和 3502 万公里，接入网光缆线路长度比上年净增达 297 万公里，进一步保障和支撑用户服务质量。

（二）"互联网"的网民规模及结构情况

截至 2021 年 12 月，我国网民规模达 10.32 亿，较 2020 年 12 月增长 4296 万，互联网普及率达 73.0%，较 2021 年 12 月提升了 2.6 个百分点。十亿用户接入互联网之后，中国互联网的发展焕发出了无限强大的生机和活力，网民数量的快速增长推动了数字社会的建立和发展，使之生机勃勃，成为区别于现实社会的虚拟存在，并且日益彰显出了发展的动能和态势。

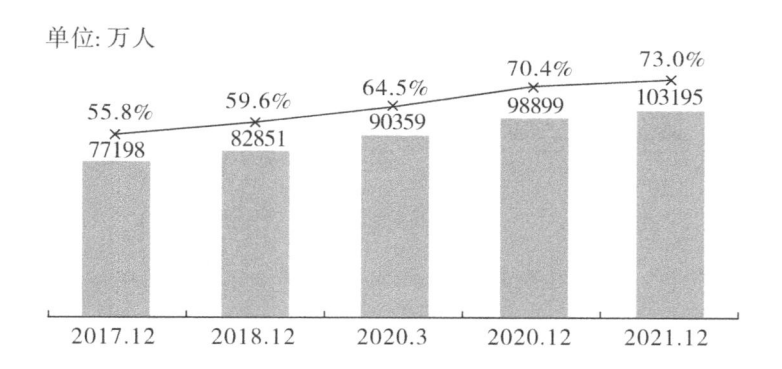

单位：万人

时间	网民规模（万人）	互联网普及率
2017.12	77198	55.8%
2018.12	82851	59.6%
2020.3	90359	64.5%
2020.12	98899	70.4%
2021.12	103195	73.0%

图 6 网民规模和互联网普及率

（数据来源：中国互联网络信息中心 2022 年 2 月 25 日发布的第 49 次《中国互联网络发展状况统计报告》）

从中国互联网发展状况统计调查来看，2017 年 12 月到 2021 年 12 月，这四年时间中，网民规模和互联网普及率的速度都发生了较快的增长，其中网民规模从 2017 年 12 月的 77198 万人，2021 年 12 月的 103195 万人，增加了 25997 万人，而互联网普及率则从 55.8% 增加到了 73.0%，提高了 19.2 个百分点。这两个数据，可以明显感受到互联网对于人们学习、生活等影响越来越深刻，传统的社会存在被颠覆性变革，网络思想政治教育的技术支持和条件保障愈加成熟。

图 7 的数据中，又可以明显看出，手机作为网民使用频次最广泛的上网工具，在网民中的占比逐步增加，由 2017 年 12 月的 75265 万人递增到了 2021 年 12 月的 102874 万人，增加了 27609 万人。同步手机使用人数在网民中所占的比重也由 2017 年 12 月的 97.5% 提高到了 2021 年 2 月的 99.7%，四年的时间提高了 2.2 个百分点。

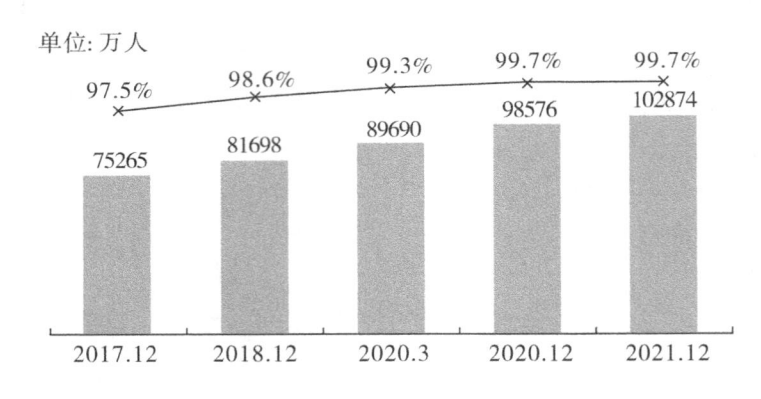

时间	手机网民（万人）	占比
2017.12	75265	97.5%
2018.12	81698	98.6%
2020.3	89690	99.3%
2020.12	98576	99.7%
2021.12	102874	99.7%

图 7　手机网民规模及其占网民比例

（数据来源：中国互联网络信息中心 2022 年 2 月 25 日发布的第 49 次《中国互联网络发展状况统计报告》）

（三）"互联网"时代下网络思想政治教育的现实迭变

1. 社会热点事件加强了民众的网络关注点

2008 年是中国互联网发展的一个新坐标，这一年发生的重大新闻事件，更加显现了这一年的不寻常与不平凡。社会发生的诸多热点事件，让网络得到了更多民众的关注度，而网络在热点事件中发挥出的即时性、共享性和开放性，让网络舆论传播速度加快进而裂变，又更加吸引了网民的眼球，引起了社会的追捧，串联了现实和虚拟的完美融合，延伸了思想政治教育一个全新的教育空间和阵地。

比如 2008 年 5 月 12 日，四川省阿坝藏族羌族自治州汶川县映秀镇发生了 8.0 级的大地震。在地震发生的短短 80 秒时间内，有近 7 万人丧生，1.8万人失踪，37万余人受伤，地震无情地摧毁了万千的生命和家园，对汶川、对四川乃至全国人民来说，都造成了巨大的灾难和永世难忘的创伤。震灾造成的群众伤亡和严重损失超乎了所有人的想象。面对灾难，举国上下共同守护，全国人民守望相助，无时无刻不牵挂着灾区人民的情况。救援团队闻令而动，逆向而行，迅速汇集汶川，展开了一场生死营救，上演着大爱无声，全社会大规模的捐赠善举也达到了前所未有的高潮。伴随着关于震后灾区各种情况的网络宣传和报道，各种感人的人物和事迹不断涌现，全社会民众对汶川灾后的重建工作更是投入了高度的关注。

又比如2008年8月8日晚8时，北京喜迎四海，怀抱八方，第29届夏季奥林匹克运动会在国家体育场——"鸟巢"隆重开幕。作为东道主的中国，在开幕式上用满满的诚意，从击缶开始，为全球所有观众呈现了一场视觉的盛宴，让人沉浸于现场恢宏的气势而不能自拔，又为精彩夺目的表演而回味无穷。北京奥运会上，来自200多个国家和地区的一万余名运动员同场竞技，以奥林匹克更快、更好、更强的精神激励自己，刷新了38项世界纪录和85项奥运会纪录，多个国家和地区实现奥运会金牌和奖牌零的突破。这场奥运会，迄今为止一直为人津津乐道，留恋不止，中国兑现了"两个奥运，同样精彩"的承诺，受到了国际社会的高度赞誉，让世界看到中华民族的伟大复兴，展现了新时代中国人民的民族自信心和民族自豪感。

北京奥运会的成功举办，成功激发了网民的爱国热情，互联网的多元传播媒介组建了四通八达的传播渠道，让网络思想政治的传播触及到更广泛的受众，得到了更多的关注，形成了数字时代网络思想政治教育的全新传播态势和生态新格局。

2. 社会热点事件点燃了民众的网络热情

十亿之多的网民数量构成了庞大的互联网空间，网民们的思想观念、交往行为深深根植于"互联网+""全球化+"的新环境之中，拥有了更为广阔、高效、便捷的活动舞台。现实社会与网络空间的共同并存，让思想政治教育也必须积极回应网络社会的崛起，以一种全新的理论模式和话语范式，顺应这一伟大历史洪流的发展和进步。

随着信息时代的到来，"网络"已经不再是一种简单的工作，或者交流的手段，它日益改变着人类的活动交往方式和人际关系模式，重构了现代性视角下人们的交际关系，以新型的社会形态——网络社会出现在大众视野。网络作为虚拟世界，与现实社会融合发展、联系日益紧密。社会热点事件的发生，借助于网络媒介的快速传播力和广泛扩散力，能够充分点燃民众的网络热情，激发网络社会的澎湃势能，一定意义上为网络思想政治教育发展提供了有益指向。

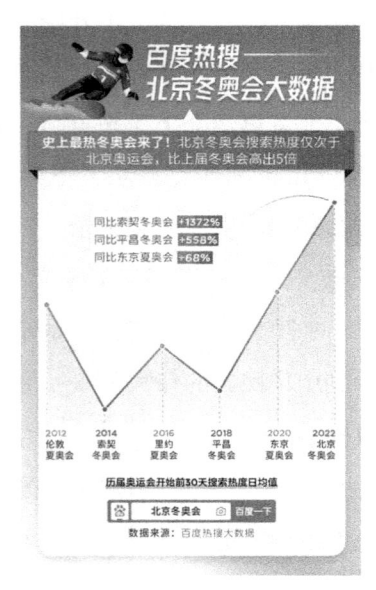

图 8　百度热搜——北京冬奥会大数据（数据来源：百度热搜大数据）

以北京冬奥会为例，2022 年 2 月 4 日，第 24 届冬季奥林匹克运动会隆重开幕。这场美轮美奂的开幕式中，没有明星，没有歌唱家，没有舞蹈家，也没有职业演员。在张艺谋团队的导演下，由普通群众组成的参演团队为全世界演绎了一场令人难以忘怀的开幕盛典。当奥林匹克的火种再度点亮千年古都的时候，中国首都——北京，成为奥林匹克历史上首个"双奥之城"。2月4日—2月20日，来自91个国家和地区代表团，近2900名运动员参加比赛，为全世界人民呈现了一场又一场精彩的竞技赛事。

根据百度热搜的数据显示，2022年的北京冬奥会搜索热度仅次于2008年的北京奥运会，比2018年的平昌奥运会高出了5倍之多，相较于2014年的索契冬奥会，搜索热度更是高出了近14倍，北京冬奥会无疑成为史上最火的冬奥会。这些数值之间的对比，充分说明了网民对于北京冬奥会的关注度之高。家门口举办的冰雪赛事，成为吸引民众目光和热情的社会热点，激发了网民高度的关注热情，提高了参与冰雪运动的积极性。

图9　百度热搜——北京冬奥会十大话题（数据来源：百度热搜大数据）

同时，进一步分析北京冬奥会的十大话题，可以发现名列前茅的话题榜分别是北京冬奥会的举办时间、中国队夺金点、疫情政策、中国代表团名单、冬奥会赛程、奥运会开幕式、吉祥物、比赛项目、观赛政策和车道规则。这些冬奥会崭新的话题焦点，也印证和彰显了网民的高度关注度。

图 10　冬奥会相关——微信 10 万+文章标题分布词云（数据来源：新榜）

微信排行分布 10 万+以上的文章标题词云也和《百度热搜·北京冬奥会大数据》遥相呼应，冬奥会、北京冬奥、开幕式等词云，纷纷在微信热度上登上了醒目位置，网民对其关注度之高可见一斑，因此加油、热泪、期待、精彩、奥运、力量、绝美、点燃、开门红等这样的词云也同步出现在了微信热度之中，网民的激情被再一次点燃。

从以上的分析中，可以看出对于网络思想政治教育而言，互联网不仅提供技术工具、延伸空间和生存方式，实际上更是作为动力机制，具有生产与构建的意义，从最初推动思想政治教育在网上实现价值，到最终形成网络思想政治教育功能，其在思想政治教育中的作用日益明显、角色不断转换升级，构成网络与思想政治教育的循环闭环。互联网是由二进制数字和象征符号组成的虚拟空间，它以先进的现代传媒技术为依托，推动物理意义上的空间结构从有形走向无形，人类的感知空间与认知空间打破了传统壁垒。互联网为思想政治教育提供新媒介、新场域、新方式，推动思想政治教育的价值实现，与此同时，其自身的结构带来的缺场效应，可能造成"线下"主体在实践中缺位。

第三章
网络思想政治教育的发展

"科学研究的区分,就是根据科学对象所具有的特殊的矛盾性。因此,对于某一现象的领域所特有的某一种矛盾的研究,就构成某一门学科的对象。"[①]从现实发展角度而言,进入互联网时代,网络化的生存是当今社会结构下人类一个极其重要的方式,并且成为人们表达思想感情、价值观念的重要手段和依托。伴随着网络信息技术的快速发展,思想政治教育的表达渠道日益多元,内涵也在不断丰富和发展,网络思想政治教育也应运而生,成为传统思想政治教育在网络另一端的生动呈现。

互联网的广泛应用和发展,既带来了巨大的好处和福祉,但同时不可避免挑战和风险也并存。互联网正在深深地嵌入并影响着人们现实生活的各个方面,它与现实世界不再是"两张皮",网络也不仅仅只是现实空间向虚拟空间的"延伸"和"翻版",二者相互重叠又紧密融合。网络空间作为现实世界的映照和拓展的同时,也在影响和塑造现实空间。

第一节 网络思想政治教育的发展历程

1994年,中国接入了国际互联网,网络思想政治教育具备了技术基础。人们的思想行为随着网络的产生和发展,正在经历一场革命技术的

---

① 毛泽东. 毛泽东选集:第1卷[M]. 北京:人民出版社,1991:309.

洗礼，传统思想政治教育更是面临着巨大的冲击。互联网广泛渗透到社会的政治、经济、生活、文化等各个领域，改变着人们的生产方式、生活方式、交往方式、思维方式和信息传播方式。

纵观二十几年来我国网络思想政治教育的发展，历经了入网适应阶段(1994—1999年)、范式转换阶段(2000—2007年)、融合拓展阶段(2008年至今)三个阶段。

一、入网适应阶段(1994—1999年)

（一）技术环境迅猛改变信息交换系统

入网适应期，网络思想政治教育以海量化、高速度的信息交换系统作为技术环境，"0"和"1"的二进位计数方式实现了信息转换方式和传输方式的革新，数字化存储过程中具有的大容量、高速度、低成本等诸多优势，减少了信息存储、传递和交换过程中面临的潜在风险，最大程度上减少了丢失、失真的可能性。

在互联网的区域链内，骨干网络主要呈现环形和蛛网形，同一个层级的网络节点之间将信息进行拆分打包之后，可以迅速实现信息的复制、粘贴以及转发，同时彼此之间又不互相干扰，平行的网络节点区块分布保证了通信较高的安全性能，不会因为一个或几个中心节点发生的故障而导致互联网整个区域链的瘫痪或失灵，为信息在互联网中的传播搭建起真正的"网络信息高速公路"。

（二）网络关注度持续增加

1997年10月，中国互联网信息中心发布了《第1次中国互联网络发展状况统计报告》。根据报告的统计显示，当时我国上网计算机数为29.9万台，其中直接上网计算机为4.9万台，拨号上网计算机为25万台。同期我国上网用户数大约62万，其中大部分用户是通过拨号上网，直接上网与拨号上网的用户数之比大约为 1∶3。从用户希望在网上获得的信息来看：39.6%的用户希望在网上获得商业资讯，32.8%的用户希望在网上获得金融信息，80.4%的用户希望在网上获得科技信息，42%的用户希望在网上获得社会新闻，24.8%的用户希望在网上获得休闲信息。大部分上网用户都对科技信息比较感兴趣，这也与上网用户从事职业的比例有关系，从事科研、教育、计算机行业的用户及学生占54.7%，真正的消费型用户占的比例很小。针对目前 Internet 最令人失望的因素分析中，"网上速度太慢"占比最高，达到了 49.1%，"上网收费太高"名列第二，占比为 36.2%，"除浏览信息外实际可做的事情太少"占比为 7.4%，"中文信息太少"占比为 7.3%。

1999 年 7 月，中国互联网信息中心发布了《第 4 次中国互联网络发展状况统计报告》。经过近两年的数据对比，可以明显发现，得益于互联网技术环境的发展和完善，相关数据呈现几何式增长。此时，我国上网计算机数为 146 万台，相较于 1997 年 10 月的上网计算机数增长了近 5 倍，其中专线上网计算机为 25 万台，拨号上网计算机为 121 万台。同时，我国上网用户人数大约为 400 万，相较于 1997 年 10 月的上网用户人数增长了 6.5 倍，其中专线上网的用户人数约为 76 万，拨号上网的用户人数约为 256 万，两者都有的用户人数 68 万。用户上网的主要目的中，获得各方面的信息名列榜首，占比为 56.8%；第二位是学习计算机等新技术，占比为 9.7%；第三位是工作需要，占比为 9.4%；第四位是休闲娱乐，占比为 8.2%；第五位是获得各种免费资源，占比为 7.2%；第六位是对外联系方便，占比为 5.3%；第七位是炒股需要，占比为 1.3%；第八位是节省通信费用，占比为 1%；第九位是其他，占比为 0.9%；第十位则是为了赶时髦，占比仅为 0.2%。

（三）传统思想政治教育出现困境

入网适应时期，我国信息网络的硬件基础设施建设得到了发展，

《第 1 次中国互联网络发展状况统计报告》显示，我国 WWW 站点数约有 1500 个，国际线路的总容量为 25.408Mbps，连接了美国、德国、法国、日本、中国香港等国家和地区。《第 4 次中国互联网络发展状况统计报告》显示的数据则明显看到了建设"信息高速公路"的成果，此时我国 WWW 站点数为 9906 个，我国国际线路的总容量为 241M，连接的国家范围亦有所扩大，除了美国、德国、法国、日本、中国香港等国家和地区外，增加了加拿大、澳大利亚、英国等国家。

但是信息网络硬件基础设施建设取得的成就，并没有与之相匹配的网络内容和网络空间教育，这些只是处于最初级的建设阶段。此时校园网的设施日益完善，青年大学生成为互联网空间的主力军，《第 4 次中国互联网络发展状况统计报告》中 16—25 岁年龄段的用户数就达到了 49.7%，远远超过了其他年龄段的用户群体数量。

思想政治教育工作者也关注到了青年群体在网络上的活跃，但是由于教育者自身对于互联网并不是很熟悉，也不是很了解，对网络的认知仅仅停留于"它只是一种工具"的阶段，因此很少能够深入到网络之中，与青少年进行有效互动。技术在给人们提供信息便利的同时，也逐渐会出现一些不可回避的网络道德、网络伦理等难题，亟须思想政治教育工作者进行理论呼应，并给予实践上的指导。这些从网络应用和教育实践过程中出现的难题，是传统思想政治教育面临的困境，冲破了传统思想政治教育的内容边界，因此，加快网络思想政治教育的发展和创新也就成为了思想政治教育的应有之义。

二、范式转换阶段(2000—2007 年)

随着互联网技术的进一步发展，网络思想政治教育的技术环境逐步发生了演进和变化，成为扁平化、去中心化的人际互动平台，网络思想政治教育在范式转换时期，也日益面临着"社交平台的互动优势与教育平台的相对落后、网络舆论的众声喧哗与教育引导的困难重重以及教育对象的自我塑造与教育者的引导难度等难题"①。

(一)人际互动平台呈现扁平化、去中心化趋势

网络思想政治教育处于范式转换阶段的时候,社交平台与社交网络快速发展,比较有代表性的有博客、人人网、腾讯等。以博客为例,在博客上人际交往具有多项互动性,既可以实现一对一、一对多的互动,也可以实现多对一、多对多的互动,因此博主与交流者之间的互动广泛而深入。博主在博客的平台中,会发表自己的所思、所想,此时天南海北的网友便会在博客中相互交流,分享经验,这样一来,博主和网友的互动内容得以延展开去,信息交流的程度也得以加深。以人人网(校内网)、开心网等社交网络为例,呈现的则是"熟人效应",通过熟人彼此的介绍联络来扩大和叠加个人的社交圈,以扩大社交网络。同时,贴吧、豆瓣、知乎等社交网络,也是基于共同的话题或者是兴趣爱好凝聚而成。

以博客、人人网、腾讯等为代表的社交平台和社交网络,沟通便利,交流及时,可以充分满足碎片化时间之下人们的交流需要,互动快捷方便。社交和互动作为最为核心的技术呈现,预示着范式转化阶段下,互联网技术环境的功能发生了转变,从以往的信息获取为主转向了人际互动为主。

(二)网络思想政治教育开始应对各种挑战

网络的迅猛发展,多元社交平台的出现,让网民的用户数量出现了激增。从1998年开始,为了让中国互联网络发展状况的统计研究工作更加正规化、制度化,中国互联网络信息中心开始于每年1月和7月发布《中国互联网络发展状况统计报告》。2008年1月发布的《第21次中国

---

① 赵玉枝.网络思想政治教育的发展演进及规律研究[D].北京:中央财经大学,2020:37.

互联网络发展状况统计报告》显示，截至 2007 年 12 月，中国的网民数已达到 2.1 亿人，仅仅 2007 年一年的时间里就增加了 7300 万，年增长率高达 53.3%。互联网的普及率为 16%，仍比全球平均水平 19.1% 低 3.1 个百分点。互联网的应用已经逐步面向更多层次的居民，呈现扩散之势，有这样几个特征：第一，18 岁以下的网民和 30 岁以上年龄较大的网民增长较快；第二，初中及以下受教育程度的网民增长较快；第三，低收入人群开始越来越多地接受互联网；第四，农村上网人群增长较快。另外，从接入方式上看，宽带网民数达到 1.63 亿人，手机网民数达到 5040 万人，这两种接入方式发展较快。从地域上看，北京和上海的互联网普及率较高，已经分别达到 46.6% 和 45.8%。从以上种种数据，可以感受到中国的互联网发展已经呈现蓬勃态势。

但与互联网获得长足发展相比，网络思想政治教育的发展则形成了鲜明对比。首先，从硬件设备上看，网络思想政治教育的网站建设基本上仍然延续入网适应阶段的既有平台，这些平台以校园网为基础网络，分散在各大高校之中，因此网站数量相对有限，面向群体范围有限，对外开放程度有限，网站互动性有限，因此对于学生群体的吸引力逐步减弱，很难调动起学生加入之中的自觉性和主动性。

其次，从内容建设来看，网民通过多元的社交平台，可以充分关注社会热点，参与网络讨论，组建网络空间，开展网络行为，因此产生了较强的平台凝聚力。但是，思想政治教育主题网站在内容设计、板块呈现等方面，缺乏创新性和吸引力，容易造成思想政治教育理论网站与社会实践问题的彼此脱节，对于网民的吸引力更是难以维系。

最后，从网络舆论发展上看，"网络思想政治教育面临多元化、分散性网络舆论带来的复杂环境，必须要施以针对性的网络思想政治教育内容来予以应对"[①]。一方面，互联网具有的开放性、即时性、共享性等

---

① 赵玉枝. 网络思想政治教育的发展演进及规律研究[D]. 北京：中央财经大学，2020：44.

特质，多元文化之间会出现角力，影响人们的价值选择和行为范式。网民容易受纷繁复杂的网络环境的影响，甚至面对同一社会问题会做出不同的认知判断与立场选择，如此一来汇聚的网络舆论自然也就呈现了多样态发展，形成了不同的张力所在。另一方面，网民情绪化的表达相对来说细碎而零散，"这种非理性、分散化的言论不但使网民的思想深受干扰，也对舆论引导工作中教育主体网络舆情判断能力提出更高要求，这是因为并不是所有的舆论都能构成在网络空间中产生影响的舆情，只有基于对网络舆情的正确判断，网络思想政治教育工作才能因势利导、化险为夷"①。

三、融合拓展阶段(2008年至今)

从 2008 年开始，网络思想政治教育的发展进入了融合拓展阶段。移动互联网等新技术发展构筑了泛在化、融合化的网络新空间，使得网络思想政治教育面临更多的挑战。

（一）网络空间呈现泛在化、融合化趋势

网络思想政治教育处于融合拓展阶段中，移动互联网技术的发展为网络思想政治教育创造了可谓是基本全覆盖的网络环境，随着大数据技术、智能化技术、物联网技术等发展和运用的不断深化，完美满足了网民随时随地都可以从互联网中获取信息、得到服务、相互交流的需求，网络空间融入人们生活的方方面面，形成一个"无时不在""无处不在"而"又不可见"的泛在化环境。

在移动互联网将网络推向泛在化的基础上，大数据成为互联网信息技术中的新兴词汇，并且深刻作用于各个行业各个领域之内，形成了变革性力量，网络思想政治教育面临新环境的挑战——"大数据时代"来临

---

① 赵玉枝. 网络思想政治教育的发展演进及规律研究[D]. 北京：中央财经大学，2020：44.

了。大数据时代，内容生产模式的革命一触即发，网民个体化、精准化的服务需求成为现实，因此大大推动了网络化内容生产与用户需求之间的融合进程，人与互联网之间的互动借助大数据技术实现了深度融合。

同时，虚拟现实 VR 技术、增强现实 AR 技术等一系列前沿技术的开发应用，深刻改变着人们获取信息的渠道和体验，网民仿佛身临其境般，享受着沉浸式网络传播带来的全新体验，充分的现场感本身已经模糊了虚拟网络与现实社会的边界。

（二）网络思想政治教育面临前所未有的挑战

网络思想政治教育的融合拓展阶段中，网络技术空间的泛在化、融合化趋势，让虚拟网络与现实社会的边界概念已经变得虚化，因此更加有利于网民开展丰富的网络实践活动，网民的网络化生存呈现出了新样态。

网络社交变革了人际沟通的方式，人际交往之间的频率和空间也得到了拓展。网民建立不同的社交圈，越来越参与到社交平台上的发言或互动中去，面对面交流日益被媒介对话所取代。网络舆论的引导主体在不同社交网络中基于自己的兴趣爱好，通过设置议程完成议程判定，进而影响网民对某一事件或者是现象的认知，甚至引导行为实施。

从 1G、2G、3G、4G 到 5G 网络的快速迭代，互联网技术更新换代可谓日新月异，因此网络空间的人际互动更加频繁，随之而起的网络亚文化如网络直播、网红等逐渐兴起。在自媒体营造的各种空间里，网民彼此分享信息、沟通交流、共享情感，虚拟的共同在场正越来越多地取代传统的身体在场。

"现在，媒体格局、舆论生态、受众对象、传播技术都在发生深刻变化，特别是互联网正在媒体领域催发一场前所未有的变革。"①基于新变化，网络思想政治教育迎接新挑战势在必行。一路走来，网络思想政治教育者正在积累着大量经验，力求通过创新网络话语范式，掌控网络话语权，释放网络发展动能，迎来网络思想政治教育的春天！

第二节 网络思想政治教育的特征

网络的发展和进步影响着人们的生产方式和生活方式，而网络思想政治教育则是人类进入网络时代后产生的社会活动现象，是传统思想政治教育在网络社会呈现的新形式，是思想政治教育顺应信息时代发展与网络技术融合共生的形态跃迁和全面升级。相比于传统思想政治教育模式，网络思想政治教育具有鲜明的特征。

一、教育目的的政治性和隐蔽性

人类社会的发展历史上，当国家——作为阶级矛盾不可调和的产物出现之后，思想政治教育也产生了，并且贯穿于人类阶级社会的全部历史进程，从而逐步发展起来。

在阶级社会中，思想政治教育为特定的政党、阶级服务，因此具有强烈的阶级性和政治性。古希腊城邦中实行的斯巴达教育，是为了镇压奴隶的反抗，同时抵御外来入侵，这种教育的目的是通过严格的军事体育训练，把子民培养成国家需要的武士。今天，世界上唯一的超级大国——美利坚合众国推行"美国精神"教育，是为了不断地塑造美国民众的民族自尊心和自豪感，成为合格的美国公民。

中华民族拥有五千年的璀璨文明，传统思想文化遗产更是一笔宝贵的财富，让一代又一代炎黄子孙受益。中国古代思想政治教育发端于奴

---

① 习近平. 坚持军报姓党坚持强军为本坚持创新为要　为实现中国梦强军梦提供思想舆论支持[N]. 人民日报，2015-12-27(1).

隶社会，具备了发展雏形。夏商周时期，统治阶级就从伦理以及军事方式进行教育。中国传统社会道德教育以"五伦"——君臣、父子、夫妇、兄弟、朋友五种关系为基础，强调人伦中的双方都要遵守一定的"规矩"，用忠、孝、悌、忍、善为"五伦"关系准则，强调父子有亲、君臣有义、夫妇有别、长幼有序、朋友有信。及至封建社会，古代思想政治教育逐渐发展成熟，其中占据意识形态统治地位的是儒家思想，孔子的"礼、仁"教育是道德教育的核心内容。汉代董仲舒提出了"三纲五常"的伦理教育，本质上是"忠恕""孝悌"等伦理规范的精致化。宋明理学则是进一步发展了儒家的纲常礼教思想，提出了"存天理，灭人欲""君权神授"等理论，论证了封建统治制度的合理性。

纵观古今中外，思想政治教育的区别只是政治方向、教育内容、智慧底蕴等不同，而这些不同则充分体现了思想政治教育目的的政治性。网络思想政治教育作为传统思想政治教育模式在网络上的延伸，也丝毫不例外，一样具有鲜明的政治性。网络的开放性、共享性、及时性等特质，让各种意识形态、价值理念纷纷活跃其中，已然成为当代社会意识形态斗争的又一兵家必争之地。美国就利用发达的大众传媒网络，将网络作为谋求跨世纪战略优势的政治工具，依靠强大的经济优势、科技优势，对其他国家和地区进行意识形态的无形渗透。

中国要想在这样一轮没有硝烟的战争中坚守思想政治教育的硕果，就一定要掌控网络思想政治教育的话语权，加强思想政治教育中的核心与重点——政治思想教育，树立起对马克思主义的信仰和对中国特色社会主义的信念，保证党的路线、方针和政策的贯彻落实，为中华民族伟大复兴的中国梦保驾护航。

略有差异的是，传统思想政治教育中，教育者与教育对象之间的教育方式，基本上以面对面为主，因此这种直接的教育方式决定了教育目的的直接性。但是网络思想政治教育的教育方式主要通过人机对话进行，教育者与教育对象之间并不直接产生接触和联系，因此这种隐匿性的特点决定了网络思想政治教育目的的隐蔽性。

二、教育主客体的平等性和虚拟性

传统思想政治教育活动中，无论从"教"的方面，还是从"学"的方面，都可以体现出教育主体权威。从"教"的一方看，教育主体作为教育任务的发起者、组织者和实施者，教育活动基本由教育主体所掌握，因此处于主体地位，具有较高的权威性。教育者主体在思想政治教育领域有着较为成熟的知识优势，是从事思想政治教育活动的实践主体。教育主体是教育过程的引导者和推动力量，希望通过系统地传道授业解惑，让教育客体实现对教育内容的"内省""外化"，提高思想品德和思想政治水平。此时，教育客体一般是接受教育主体的有目的有计划有组织的教化培育，以增长道德水平，提高道德素养，因此相对处于较为被动的地位。

但是网络社会的出现，教育主客体一方面实现了地位平等，另一方面也增强了不确定性。作为一种全新的信息载体传输方式，网络为多元文化、多元思想、多元价值的并存和交流提供了广阔的公共平台，网络交往模式消解了传统社会交往中人际关系的不平等性，从而使得网络思想政治教育的教育主客体之间实现了真正意义的相互平等，传统意义上教育主客体之间的差异性不复存在了。

此时，虚拟的网络交往打破了传统人际中存在的诸多藩篱和限制，比如性别、年龄、身份、职业、学历等因素，这种现实社会的符号差异在网络社会中影响力逐渐式微。

网络思想政治教育主客体的虚拟性则源于网络的虚拟性，"所谓虚拟性，可以理解为技术让自然生活进入了一个全新的世界，能够不再单纯依据自然的力量，人类的思维和思想也可以成为现实生活中的一部分，创造出理想的世界，真正实现了'只有想不到，没有做不到'的全新时代，这是人化世界不断发展的结果。"[1]现实社会中的教育主客体，本身是一个有机的人，由一系列客观存在的组织器官构成，具有先天的自然属性。但是在网络社会中，教育主客体的自然属性被消解掉了，肉体的存在被一系列文字、数字、符号的组成而替代，网民甚至可以创造出一个网络空间的身体，"他"就不完全等于是"他"。这种虚拟性，也会滋生网络思想政治教育未来将会面临的一系列问题和挑战。

三、教育内容的开放性和丰富性

（一）教育内容的开放性

网络具有的开放性特征决定了网络思想政治教育内容的开放性和丰富性。就网络思想政治教育内容的开放性而言，主要体现在：

1. 教育内容的共创性

传统思想政治教育信息由专门的教育机构、工作人员通过定期编写教材、编制资料等形式，完成教育内容的设定，因此具有专一性和封闭性。不同国家之间的教育内容基于教育目的的区别也不相同，彼此不一定能互通互融。但是就网络思想政治教育而言，网络作为信息传播和交换的综合性系统，所需要的教育内容可以通过任何一个终端来制造、发布和传送，因而具有了共创性的特质。

2. 教育内容的共享性

网络好比是一个巨大的藏宝库，网络思想政治教育的内容和信息得益于开放性和即时性，可以迅速为其他国家和地区的网民所共享，赋予了教育内容的"世界性"与"全民性"。网络上的教育信息因为没有所谓供给配额的限制，因此可以突破数量的桎梏，不仅可以轻松进行转载，还可以无限制地复制、粘贴并传播。

---

① 闫佳卉. 网络时代大学生爱国主义教育的困境与突破[D]. 长春：吉林大学，2016：17.

（二）教育内容的丰富性

网络思想政治教育内容的丰富性特征与开放性特征紧密相连，没有开放性，丰富性也就无从谈起。网络思想政治教育信息的丰富性表现在两个方面：

1. 教育信息数量的丰富性

其实，教育信息数量的丰富性就是教育信息的海量性。一方面，互联网的发展，让信息生产、采集、传播的速度和规模达到了空前的水平，人人都可以在网上发布信息、传播信息，无数终端的制造和传播，让教育信息的数量不断增加。另一方面，网络将一个个"信息孤岛"进行了有效串联，扩大了网民所能接触的信息数量，同时又得益于网络的复制功能，网民所能感知的信息量被无限放大，以几何级数递增，不断满足网民对网络思想政治教育的信息需求。

2. 教育信息形态的丰富性

网络中，思想政治教育信息是通过"比特"进行传输的，因此教育信息表现为文字、图片、声音、视频等多种形态，很大程度上增加了网络思想政治教育的吸引力。互联网的开放性特征决定了网络教育的内容也必须是开放的、多样的，传统视域下客观因素造成的传播弊端被打破，网络社会时间和空间的不受限，提高了教育信息的传播效率。网络思想政治教育信息传播方式的多元性，也可以满足不同层次学习者的需要，实现立体交叉和动态传播模式。

四、教育方式的交互性和多样性

同样，网络思想政治教育方式的交互性决定于网络的交互性特征，所谓"网络传播的交互性是指传播者和受众之间的双向互动传播，即人们在使用网络媒体进行信息交流的过程中能够获得实时的反馈"①。

网络思想政治教育与传统思想政治教育很大的一个区别就在于，传统思想政治教育的教育方式大多是单向的，而网络思想政治教育方式运行模式则是交互式的。网络是一个及时性、交互性和社交性很强的媒介存在，可以通过分类或者是搜索的形式随时将海量的内容传递给用户，而不局限于时间、空间上的限制，这种双向互动传播时效性强，彼此之间可以在一定程度上进行直接双向交流。

网络思想政治教育方式的交互性同时也带有着多样性，交互方式的多元让教育方式呈现了多样性特质，比如博客和邮件，就是一种个人对个人、个人对多人的交互，而在线聊天和游戏则是个人对个人、个人对多人、多人对多人的同步交互。随着网络信息技术的不断进步，网络思想政治教育方式有可能产生新的交互工具，那交互方式也会更加多样了。

五、教育过程的选择性和渗透性

网络思想政治教育过程的选择性源自网络的开放性、交互性，是二者彼此综合作用的结果。

传统思想政治教育过程中，教育信息和教育内容的传播大部分基于单向互动而产生，由教育主体将教育信息传授给教育客体，教育客体经过接受吸收之后，转变为自身的体验和获得。网络思想政治教育过程则不同，信息传播在教育主体和教育客体之间是双向互通的，"网络思想政治教育过程就是教育对象自主选择思想政治教育信息的过程"②，"网络思想政治教育过程的选择性必然导致网络思想政治教育过程的渗透

---

① 闫佳卉. 网络时代大学生爱国主义教育的困境与突破[D]. 长春：吉林大学，2016：18.
② 宋元林，黄娜娜. 论网络思想政治教育的特征及其有效运用[J]. 马克思主义与现实，2010(5)：195-196.

性"①。

六、教育效果的实效性和广泛性

传统思想政治教育的运行模式，一般采取的是教育主体在课堂教学中进行内容和课程的传授，以"满堂灌"等形式让教育客体获取知识，此时教育客体的主动性、能动性、积极性的发挥会受到一定限制和束缚，从而影响知识的吸纳，学习成效的产出。这种教育模式带来了不少弊端，比如教育客体的课堂学习注意力不集中，学习效率不高，一些时候还会产生厌学、逆反的情绪，甚至引发心理问题，不利于思想政治教育目标的达成，教育效果的实效性也有待商榷。

与传统思想政治教育相比，网络思想政治教育则恰恰相反，教育客体在虚拟的网络世界中，主动势能得到了释放，教育主体在网络思想政治教育过程中更加注重互动性和交流性，将学习的主动权交还给教育客体，培养其成为自己学习的真正主人。教育主客体都可以通过在多元化的网络平台中发声、交流、讨论，轻松实现"一对多"或"多对多"的教育实践，充分实现自我教育，提高了教育内容内化的效率，增强了教育的实效性和广泛性。

第三节 网络思想政治教育的内容

作为传统思想政治教育的延伸和发展，网络思想政治教育与传统思想政治教育的基本内容是一致的，都包含着思想教育、政治教育、道德教育、心理教育等内容。因此，以网络思想政治教育内容为中心的体系，也可以区分为网络思想教育、网络政治教育、网络道德教育、网络心理教育等方面。

---

① 宋元林,黄娜娜.论网络思想政治教育的特征及其有效运用[J].马克思主义与现实,2010(5):195-198.

一、网络思想教育

网络思想教育是网络思想政治教育工作者的重点工作内容，一方面这是互联网时代作用下，网民信息获取渠道转变、思维方式转变的现实需要，另一方面网络思想政治教育也是影响网民思想观念形成以及发展的重要影响因素。

"网络思想教育主要是指运用互联网对网民进行世界观、方法论的教育"①，从内容体系上来说，网络思想教育包含了众多部分构成，"科学的世界观、人生观、价值观教育；科学发展观教育与'和谐'思想教育；马克思主义唯物论、无神论和科学精神教育；创新精神、艰苦奋斗精神教育等"②。网络思想教育这些内容体系旨在解决主观、客观相符合以及如何符合的问题，是构建正确精神价值、思想观念的重要组成部分。

网络世界作为一个虚拟社会而存在，区别于现实社会一个很重要的地方，就在于网络社会信息来源五花八门，经过无数终端的复制、传播之后又迅速向外进行了裂变。生活在网络之中，网民无时无刻不接受着来自四面八方的内容和信息，这些信息背后所代表的思想观念、价值意蕴含义不一，良莠不齐，让人眼花缭乱。

以美国为代表的西方国家，利用互联网的开放性和共享性，打破了现实社会中国与国之间、地区与地区之间的边界限制，常常依托强大的经济实力、科技实力和生态实力，借用网络资源和技术优势，对外宣传他们的经济、科技、文化、生态等方面成就，使别国民众不知不觉受此熏陶、感染，从而实现"普世价值"的无形渗透。但是，西方国家对自身罪恶的发家史、发富史则避而不谈，对国内严重的阶级矛盾、种族矛盾、人权矛盾、宗教矛盾、贫富差距矛盾等也选择视而不见。

---

① 宋元林. 构建网络思想政治教育内容体系[J]. 政工研究动态，2009(18)：16-18.
② 宋元林. 构建网络思想政治教育内容体系[J]. 政工研究动态，2009(18)：16-18.

第三章　网络思想政治教育的发展

网络思想教育要时刻警醒这种思想价值观的混乱，要时刻警惕西方社会妄图解构中国精神支柱和核心价值追求的阴谋诡计，坚持社会主义发展方向不动摇，坚持走社会主义道路不动摇。

二、网络政治教育

"网络政治教育主要是指运用互联网对网民进行政治理想、政治信念、政治方向、政治立场、政治观点、政治情感、政治纪律等方面的教育"[1]，"具体内容包括：爱国主义、社会主义教育，理想信念教育，党的基本理论、基本路线、基本纲领和基本经验教育，民主与法治教育，基本国情和形势政策教育等"[2]。通过开展网络政治教育，树立起网民正确的政治立场、政治方向，为中华民族的复兴和发展提供精神动力。

一部波澜壮阔的中国近现代史上，在中国共产党的带领下，无数革命志士为了追求真理而前仆后继，奋勇拼搏，哪怕献出宝贵的生命也在所不惜。历经百年的艰难困苦，中华民族终于崛起，走出了一条成功的复兴之路。

世界的发展局势瞬息万变，"当前，我国处于近代以来最好的发展时期，世界处于百年未有之大变局，两者同步交织、相互激荡。"[3]这一基于世界格局变化而做出的重大论断，指明了中华民族伟大复兴的时代根基，奠定了社会发展的现实基础。

百年未有之大变局中，国际格局瞬息万变，国内形势错综复杂，来自四面八方的风险、挑战、考验无时无刻不在影响着社会的发展和进步。在互联网环境中，面对各种思潮涌动、价值观纷争、主义泛滥的复杂情况，网民新生代可能迎来思想迷茫和政治信仰危机的严峻考验。

---

[1] 宋元林.构建网络思想政治教育内容体系[J].政工研究动态，2009(18)：16-18.
[2] 宋元林.构建网络思想政治教育内容体系[J].政工研究动态，2009(18)：16-18.
[3] 习近平.坚持以新时代中国特色社会主义外交思想为指导　努力开创中国特色大国外交新局面[N].人民日报，2018-06-24(1).

在这个历史性的关键时候，网络政治教育要坚持社会主义发展方向不动摇，要在中国共产党的领导下，团结和带领全国各族人民，守正创新，共同奋斗，助力中华民族的伟大复兴。

三、网络道德教育

（一）网络道德教育内涵

当代社会，网络技术的迅猛发展已经渗透到人类生活的每个角落，正以一种势不可当的态势，深刻影响并改变着生存时代以及生存方式。一个全新而又与世界紧密相连的虚拟生存场域横空出世，人类生存方式发生了一场重大变革。

作为网络时代的产物，与信息网络相适应，人类面临新的道德要求和道德选择，于是网络道德应运而生。网络道德作为一种网络的行为法则，规范了人与人、人与人群关系，让人们可以就动机或行为上的是非善恶进行判断。"网络道德教育主要是指运用互联网对网民进行行为规范的教育"，"它既包括公民的基本道德规范教育，也包括网民因网络虚拟环境而形成的道德规范教育"[1]，具体内容包括"社会主义道德教育；社会公德、职业道德、家庭美德、个人品德教育；环境道德教育；科技道德教育等"[2]。

网络道德教育内容，反映的是人们对网络持有的意识态度、网上行为规范、评价选择等构成的价值体系。网络道德按照善的原则，构建和完善网络社会关系和网络人际关系，在规范网民网络行为的同时，提升和发展道德精神的内在需要。

网络技术制约着网络道德教育的激发、酝酿、表达方式和机制，提供了网络道德教育传播以及网络道德教育行为实践的框架和向度。在网

---

[1] 宋元林. 构建网络思想政治教育内容体系[J]. 政工研究动态，2009(18)：16-18.
[2] 宋元林. 构建网络思想政治教育内容体系[J]. 政工研究动态，2009(18)：16-18.

络空间范围之下，网民可以接触、获取、传播何种类型、何种程度的网络道德教育话题以及信息，受限于网络的算法逻辑。个体化的网络道德情感表达能够进一步升级转化为群体性的网络道德情怀，同时也取决于网络道德的信息内容、表达方式是否贴近网络技术的运行逻辑，是否符合网络环境的表达机制，等等。

随着科技的发展，网络虚拟空间作为时代发展、技术革新的产物，从时空上延展了人类的社会关系范畴，也拓展了道德谱系的范畴和内涵。网民通过发挥个体之主动性和能动性，变革着生存图景，依照程序化的技术运作规律和符号化的信息交换模式，在网络空间进行网络道德的表达和抒发，从而将道德情感与个体发展紧密相连，让道德情怀表达时刻遵循着自知、自觉和自信的内生逻辑。

（二）网络道德教育特点

"网络社会"生活是一种特殊的社会生活，正是它的特殊性决定了"网络社会"生活中的道德具有不同于现实社会生活中道德的新特点与发展趋势。

1. 网络道德教育的自主性

与现实社会的道德教育相比，网络道德教育呈现了自主性特征。互联网社会，网民是出于自觉自愿相互连接而成的，基于共同的利益与需要，通过资源共享，达成互惠合作等。在这个组织体系中，每一个人既可以是组织者，又可以是参与者，既可以是演员，又可以是导演，网民更多的是秉承着"自己对自己负责""自己为自己作主""自己管理自己"的原则，自觉地去做网络的主人，做真正的自己。

在网络社会建立最初，其实并没有网络道德存在。互联网发布的信息杂乱无章，内容的合法性、合规性无法被保障。为了改善这种无序化的网络行为，维持网络的正常秩序，网民彼此之间自觉地订立了道德规范，因此"网络社会"的道德规范不是根据权威的意愿建立起来的，而是网络人自发自觉行为的结果。由于网络道德规范是根据自己的利益与需要制定的，因此增强了网民遵守这些道德规范的自觉性。

2. 网络道德教育的开放性

传统社会中，时间和空间是不可突破的边界存在，人们可能常年生活在某一个固定的区域内，而没有办法和其他地方的民众交往、交流。城市基础设施的建设在一定程度上改变了这种相对隔离的状态，让人们之间的地理距离变得似乎短了，联系和连接也更方便。

但是网络带来的变革，根本消除了地理概念上"这里"和"那里"的界限，物理距离暂时"消失"了，世界变得更加开放，人类居住的地球仿佛正在成为一个个的"电子社区"，人们即使居住在一起，身处不同的时区、地区，甚至是国家，也可以"在一起"工作、学习和娱乐。这样，人们之间便可以不受时空的限制而交往，人们之间不同的道德意识、道德观念和道德行为的冲突、碰撞和融合也就变得可能了。

3. 网络道德教育的多元性

在现实社会中，基于生产关系的多层次性，道德可能有不同的存在形式，但每一个社会中只能有一种道德居于主导地位，支配着其他道德形式，因此现实社会的道德是单一的、一元的。

但是网络道德呈现出了一种多元化、多层次化的特点与趋势。网络社会中，网民要遵守共同性的主导道德规范，因为这种道德规范关涉到每一个成员的切身利益，例如：不应该制作和传送不健康的信息，不应该利用电子邮件做商业广告，禁止非法闯入加密系统，等等；同时，网民也遵守特定范围中所持有的多元化道德规范，如各个国家、民族、地区的独特道德风俗习惯等。

随着网民的交往、交流程度的日益加深，多元化的网络道德也会在出现冲突和碰撞后达到融合之可能，即便彼此无法融合的，也可能基于彼此并无实质性的利害关系而可能求同存异、并行不悖。当然，技术的进步只是为道德进步提供了前提和条件;道德是属人的范畴,一切"事在人为";道德进步是否能够真正产生,一个更高水平的道德社会是否能够真正建成,还有赖于网民们自我塑造的意愿、能力以及现实的努力程度。

因此,要加强网络道德建设不仅要出台相应网络法规、网络道德守则,更要在全社会范围内加强道德文化和道德教育的实施。因为中华民族的复兴,有待于道德复兴;国家的崛起,有待于道德崛起;建设社会主义和谐社会更需要加强社会主义道德教育,一个不断追求高尚道德的民族,才是一个有希望的民族。

四、网络心理教育

网络正在深刻地改变网民的学习、工作、娱乐和交往方式,日益成为他们生活中不可或缺的重要组成部分。但是,当网民对于网络的依赖程度越来越重的时候,使他们的心理状态正在悄然地发生着变化,并产生了一些消极影响,因此开展网络心理教育势在必行。

"网络心理教育主要是指运用互联网提高网民心理素质的教育"[①],具体内容包括心理现象知识教育、心理健康与调适知识教育、心理疾病的预防与咨询教育等方面。

网络对青年心理健康的负面影响,主要表现为"网络成瘾综合征""网络孤独症""网络人格障碍"和"网络越轨行为"等[②]。

1. 网络成瘾综合征

2022年2月25日,根据中国互联网络信息中心(CNNIC)发布的第49次《中国互联网络发展状况统计报告》数据显示,截至2021年12月,我国拥有10.31亿的网民,较2020年12月增长4296万,互联网普及率达73.0%,我国手机网民规模达10.29亿,较2020年12月增长4298

---

① 宋元林. 构建网络思想政治教育内容体系[J]. 政工研究动态,2009(18):16-18.
② 王玲珑. 网络对青年心理健康的负面影响及对策[J]. 中国青年研究,2011(3):82-86.

万，网民使用手机上网的比例达99.7%。网民群体基数的不断扩大，也意味着网民网络成瘾比例的可能增加。

临床上网络成瘾指的是"成瘾者无节制地花费大量的时间和精力在网上冲浪、聊天或进行网络游戏，并且这种对网络的过度使用影响生活质量，降低学习和工作效率，损害身体健康，导致各种行为异常、心境障碍、人格障碍和神经系统功能紊乱等消极后果。"[①]由于长时间、无节制地上网，网络成瘾会给网民的身心健康带来严重的影响和危害，会出现很多生理性疾病，比如颈椎病、肩周炎、青光眼、干眼症、白内障等病痛，可能会伴有情绪低落、生物钟紊乱、思维迟缓、注意力缺损、焦虑症或躁郁症等，严重的甚至会发生自残、自杀甚至是猝死等。

2. 网络孤独症

网络孤独症是指"过分关注人机对话，忽视或逃避个人与社会及他人的交往，远离周围伙伴、家人及朋友，从而导致孤僻、冷漠，甚至出现自残的念头或行为等现象。"[②]

网民过分地依赖网络，淡化了个人与社会及他人的交往，远离周围伙伴，慢慢地对丰富多彩的现实生活失去了感受力和参与感，变得越来越孤僻。网络孤独症伴随着网民社交功能和交流技巧出现障碍、异常动作以及复杂多样化的行为的发生。

社会交往中较易退缩、较为内向的人，在虚拟网络的交往中，往往也会呈现与他人较为低频的交往互动，带来更多的孤独感。在一些社交网络中，人们常常会获得较多的粉丝好友，但在生活中能深入交谈的却不多，这会形成强烈对比加剧孤独感。长时间上网，减少甚至剥夺了人在现实社会中的活动机会和人与人之间的交往，很可能让内向的人更加孤独。

在网络上形成的同伴关系，在很大程度上是一种"弱联系"。网络好

---

① 梅松丽. 大学生网络成瘾的心理机制研究[D]. 长春：吉林大学，2008：15.
② 王玲珑. 网络对青年心理健康的负面影响及对策[J]. 中国青年研究，2011(3)：82-86.

友难解"近渴",因为大家来自天南地北,只有上线才能联系,很难提供及时有效的帮助。需求得不到满足时,人就会感到孤独无助,甚至产生低落、焦虑、忧郁等不良情绪。

3. 网络人格障碍

网民更多沉浸于网络,会逐渐让个体出现偏离社会文化期望的行为,表现并以一种非正常的行为方式或内心体验与他人交往所形成的人格特征,这个可以看作是网络人格障碍形成的原因。网络人格障碍有沉溺型、发泄型、伪饰型、悖德型、情感型、闭锁型和攻击型等多种类型。

网络的虚拟性、匿名性和超现实性,为网民在网络社会改变身份、性别、年龄等提供了便利,一个人可以在网络上同时扮演多种角色,这是现实社会所无法企及的,但是也为多重角色之间的矛盾、真实身份与虚假身份之间的冲突埋下了伏笔。因为这个原因,网民极易造成自我身份的迷失,自我认知的错误以及自我角色的混乱,甚至会对"我到底是谁"这种问题产生混乱,最终导致人格障碍问题的出现。网络人格障碍会影响网民的人际关系、学习、工作和生活,造成一定的负面影响,严重的话还会给他人和社会带来一定的危害。

4. 网络越轨行为

一般来说,网络越轨行为是指网民在网络世界中发生的违反现实社会规范的行为,比如盗用他人信息,传播网络病毒,进行网络人身攻击,篡改网站信息,从事网络诈骗,等等。

从主观上来看,网络越轨行为的发生是因为网民法律观念缺失,道德观念薄弱等各种因素相互交织作用的结果。网络越轨行为虽然是发生在网络虚拟社会,但也会给现实社会带来一定危害,有时候甚至是破坏性的。

第四节　网络思想政治教育的教育载体

网络思想政治教育以网络信息新技术为教育媒介，对教育客体开展网络思想教育、网络政治教育、网络道德教育、网络心理教育等。近年来，随着网络技术的发展和进步，网络思想政治教育载体也变得日益多元。

一、网络思想政治教育的课堂教育载体

（一）微课

1. 微课的含义

微课是指按照认知的客观规律，以信息技术的运用为依托，呈现碎片化学习内容、过程及扩展素材的结构化数字资源，包含了课堂教学视频（课例片段）、教学设计、素材课件、教学反思、练习测试及学生反馈、教师点评等教学要素和内容，通过一定的组织关系和呈现方式以构建一个半结构化、主题式的资源单元应用小环境为目标。

由于课堂教学时间相对较短，微课教学内容短小精悍，重在聚焦问题，介绍学科知识中的重点、难点、教学反思、学习方法、教学手段及教学观点等，从而使教育主体可以即时、有效收到来自于教育客体的课程评价。因此，微课和传统单一资源类型的教育形式有着明显的差异和区别。

2. 微课的特点

第一，微课教学时间相对较短。微课的核心组成内容是教学视频，根据学生的认知特点和学习规律，一般来说微课教学视频的时间长度在5—8分钟左右，最长不宜超过10分钟。传统课堂教学时间一般是40—45分钟为一节课，因此微课又可以称之为"课例片段"或"微课例"。

第二，微课教学内容相对较少。传统课堂教学时间相对较长，因此课堂的授课内容比较宽泛，授课量也比较大。微课则不同，它的主题更加突出，教学内容更加集中，可以是教学中的某个重点、难点，也可以是教学中的某个环节或者是教学活动，因此内容更为精练，又被称为"微课堂"。

第三，微课主题突出而且内容具体。微课体系中，一个课程就构成了一个课堂主题，主要反馈的是教育教学具体实践中的具体问题，比如教学上的反思、教学难点的突破、教学重点的强调；又或者针对生活的思考、教学的反思等具体、真实、可以解决的问题。

第四，微课成果简化而且易于传播。因为微课主题明确、内容精练、形式多元，因此课程的容量比较小，课堂用时也比较短，所以微课的研究内容更易于表达，研究成果更易于转化，传播形式也更加多元。

第五，微课反馈及时而且针对性强。微课课程时间比较集中，是一种"无生上课"的教学模式，教学主体可以及时、快速听到他人对自己教学行为的评价，从而得到信息反馈，而且评价也更加具有针对性和客观性。

（二）翻转课堂

相较于传统教学模式而言，翻转课堂是一种全新的模式。传统课堂教学模式一般来说，教育主体在课堂讲授了一定的学科知识以后，会给教育客体布置需要完成的课后作业或者是回家作业。而翻转课堂则是指在课前或者课后的时间，教育客体观看学习教育主体的讲解视频进行学科基础知识的自主学习，教育主体不再占用课堂时间来讲授知识。教育客体通过视频学习以后，再回到课堂上在教育主体的指导之下，进行面对面的讨论，课堂变成了教育主客体之间的互动场所，包括答疑解惑、合作探究、完成学业等，从而达到更好的教育效果。

（三）慕课

慕课发端于美国，是指大型开放式网络课程。2012年，美国顶尖大

网络思想政治教育理论与实务

学陆续设立网络学习平台，在网上提供免费课程，给更多学生提供了系统学习的可能。通过一系列课程的系统在线学习，还需要完成社区互动、课后作业、课堂考试、证书认证等程序。2013年，慕课大规模进入了亚洲，香港科技大学、北京大学、清华大学、香港中文大学等学校相继提供网络课程。2014年，国内的慕课学堂平台先后建立，进入发展的快速期，使用用户数量激增，2015年高达575万人。

二、网络思想政治教育的课下教育载体

（一）QQ、微博、微信、抖音等网络教育载体

随着网络信息技术的发展，网络技术的不断进步，以QQ、微信、微博、抖音等应用软件为代表的网络新媒体相继出现并兴起，这些网络教育载体以开放性、实时性、低准入门槛性等特性，让网络教育信息和内容获取途径越来越多元化，传播途径越来越多元化，成为人们工作、学习、生活的新工具和新平台，是不可或缺的组成部分。截至2021年12月，我国网络视频（含短视频）用户规模达9.75亿。较2020年12月增长4794万，占网民整体的94.5%。其中短视频用户规模为9.34亿，较2020年12月增长6080万，占网民整体的90.5%。

网络视频（含短视频）用户规模及使用率

时间	用户规模	使用率
2018.12	72486万人	87.5%
2020.3	85044万人	94.1%
2020.12	92677万人	93.7%
2021.12	97471万人	94.5%

（数据来源：2022年2月25日发布CNNIC第49次《中国互联网络发展状况统计报告》）

这些网络载体可以实现教育主客体之间即时的双向互动、沟通和交流，能够通过多种媒介形式，比如文字、图片、视频、语音等功能，接受和发布信息，从而打破了传统网络媒体的垂直格局，形成了一批形式多样、内容迥异、风格鲜明的网络亚文化。

网络亚文化和网络主流文化区别较大，作为一种网络流行文化和新兴文化形态，具有独特的审美观和价值观，因此渗透力、影响力较强，成为当今社会一种重要的群众文化现象，对网民的网络学习、网络交往等行为方式产生了重大影响，这些影响有些是积极的，有些是消极的。

网络思想政治教育要充分利用QQ、微信、微博、抖音等网络教育载体，开展思想政治教育，比如建立公众号，发布各类信息，完成教育内容的共享，实现教育主客体之间的互动，等等。

（二）校园网站和校园论坛等教育载体

校园网站主要是指以学校为主体创办的校园官网平台，在这些平台上会最大程度提供教学、科研、招生、就业、校务管理等服务指南。而校园论坛也称为校园BBS，主要通过营造一个虚拟的网络空间来缓解校园学生的现实生活压力。

校园网站和校园论坛作为高校开展网络思想政治教育的有力抓手和重要载体，承担着传播主流思想，提高学生政治素养的重要职能。

第五节　网络思想政治教育的形成发展规律

网络思想政治教育作为相对独立的新兴学科，加强网络思想政治教育规律研究对于促进学科发展和进步具有重要的现实意义，立足互联网时代下世情、国情、党情、教情的深刻变化，以马克思主义社会科学方法论为根本指导，深入研究网络思想政治教育规律，提高网络思想政治教育的针对性和实效性，是大势所趋。

一、网络思想政治教育规律的内涵与特征

(一) 网络思想政治教育规律的内涵

网络思想政治教育的显性中心是互联网,基于网络的发展,人、社会和思想政治教育产生了关系并由此紧密连接在一起。网民对互联网的应用和发展,促进了网络社会、网络人和网络思想政治教育等现象的形成和发展,因此"网络思想政治教育规律是一个由多侧面、多层次规律构成的规律体系,提升网络思想政治教育科学化水平,必须深刻认识和把握各规律的内在规定性和客观必然性"[1]。

(二) 网络思想政治教育的特征

网络思想政治教育规律发端于网络,具有区别于传统思想政治教育的鲜明特征,具体表现为以下几个方面:

1. 网络思想政治教育规律的实存性

网络思想政治教育规律的实存性,是指网络思想政治规律虽然是抽象的,但是却真实存在于网络思想政治教育实践活动过程中。当网络思想政治教育活动开展的时候,网络思想政治教育实践和网络思想政治教育目的也就开始显现,此时网络思想政治教育规律就诞生了。从现实层面来说,当网络思想政治教育实践活动开展的时候,网络思想政治教育规律从"幕后"走向了"台前",并且通过网络教育实践活动的效果折射出来。

2. 网络思想政治教育规律的不可逆性

网络思想政治教育实践活动展开,网络思想政治教育规律才会正式出场。一旦网络思想政治教育规律的作用效能释放之后,只有网络思想

---

[1] 唐亚阳,杨果. 网络思想政治教育的基本规律探析[J]. 湖南大学学报(社会科学版),2013,27(3):128-131.

政治教育实践活动本身发生了中止或中断，客观存在的网络思想政治教育规律对网络思想政治教育实践活动的规制性才会停止。从规律论角度来看，符合网络思想政治教育规律的教育活动会事半功倍，而违反网络思想政治教育规律的教育活动就会事倍功半，甚至最终可能毫无成效。

3. 网络思想政治教育规律的可知性

规律可以通过偶然，进而认识到必然规律的可知性。从这个含义上来说，网络思想政治教育规律也是可知的，能够被人们所认识、熟知、了解，进而被掌握并应用。在网络思想政治教育过程中，其本身所具有的基本规律可以对教育工作产生重要的影响和作用，因此了解和掌握网络政治教育的基本规律，可以为网络思想政治教育工作的展开奠定良好基础。

二、深刻把握网络文化发展规律

把握网络思想政治教育规律，就要把握好网络文化的发展规律。网络思想政治教育根植于网络文化环境之中，这种文化环境带有技术特质的深刻烙印，同时也是以人为主体的文化形式的存在和体现。网络文化作为一种全新文化形态的出现，遵循着三个方面的影响：

（一）科技与文化的互存

一方面，网络科学技术、信息交换基础、媒介传播技术等一系列信息科技是网络文化产生的坚实物质基础，因此网络文化具有鲜明的技术性特征；另一方面，网络文化又是网络社会发展所呈现的精神内核，让信息科技的进步带上了一抹人文的底蕴，从而更加厚重而富有色彩。科技与文化相互依存，相互交融，又不断推动着网络文化的发展和进步，更加能够愉悦网络民众的心灵，陶冶情操。网络技术的革新深刻映射到网络民众的精神文化生活之中，成为其中重要的基础元素。

（二）网络文化与现实文化的互存

传统现实社会所产生的文化是网络文化的内容源泉，是网络文化发生和发展的客观依据。在网络文化虚拟性的作用形式下，文化的数字化、网络化是一种独特的文化样态。现实文化中富含着价值观，蕴含了文化积淀，对于网络文化的生成具有重要的影响，同时新生成的网络文化本身又对现实文化产生了一定的反作用，成为全新的价值范式。

（三）人与网络的互存

现实文化的创造主体是人，毫无疑问，网络文化的创造主体也是人，人的文化需求是网络文化产生并前进的动力之源。一方面，人是网络文化的创造者，对网络文化的创作既可以是积极的、主动的，又可以是消极的、被动的；另一方面人又是网络文化的改造对象，在进行网络教育实践的过程中受到了网络文化的制约和影响。人与网络的相容相生，不断推动着网络文化的深层次演进和发展。

三、深刻把握网络环境下思想品德形成发展的基本规律

人，是环境的创造主体，而环境又可以反作用于人自身的发展和进步，因此网络思想政治教育的实施也是遵循知、情、意、信、行五类矛盾转化的结果。

（一）认知的扩张

网络环境下，思想品德的发生和发展呈现一定的多元、多向以及难以把控的特质。互联网社会带来了无数福祉，也衍生了不少问题。信息化社会中，大众媒介编织而成了一张大网，世界范围内各种思想、文化、价值相互碰撞，产生了激烈的交锋，社会思想意识呈现出多元多样多变的特点。"互联网是思想文化信息的集散地、文化差异的倍增器、

道德认知的放大器"[1]，网络社会带来的网络认知也就越来越纷繁复杂，容易造成对以往认同的瓦解，从而引发思想认识和价值取向的多重困惑。

（二）情感的迭变

"网络环境下的思想品德情感具有微聚合、核裂变、互联互动等特点"[2]，互联网作用下的网络情感诉求比以往更加激烈，促成了跨时空和跨地域传递，进而实现微情感的动员，微力量的聚合。网络群体表现出来的情感迭变，映射出了网络发展的蓬勃势能。

（三）意志的从众

网络社会之中，产生了人与媒介空前融合的社群化传播现象，越来越多社群组织的出现，让个体之间的交流愈加高效顺畅，很容易形成隐匿化的聚集圈。这样一来，网民所有获得的信息经过"过滤""分解"之后，会慢慢屏蔽与之相左的意见，最后形成群体的"意志从众"现象。此时，网民之间的观点变得日益相近，价值变得日益趋同，造成了网民群体中圈层话语权和非主流话语权的强化。在集体心理和从众心理的暗示和影响之下，集体施加个体的压力越加明显，意志表达在一定程度上也会日趋集中。

（四）信念的改变

网络环境下的思想品德信念形成具有一定的盲从性、盲目性、易变性，因此网民的信念可能会随着网络环境的改变而发生改变。当前，世界处于大发展大变革大调整时期，网络思想政治教育环境在各要素的相

---

[1] 唐亚阳，杨果. 网络思想政治教育的基本规律探析[J]. 湖南大学学报（社会科学版），2013，27(3)：128-131.
[2] 唐亚阳，杨果. 网络思想政治教育的基本规律探析[J]. 湖南大学学报（社会科学版），2013，27(3)：128-131.

互激荡、相互作用下，也日益多元，从而对人的道德信念产生了更加重大的影响。

（五）行为的适应

网络思想政治教育基于网络环境而产生，由此网络思想行为首先必须适应网络环境的特点。网络环境下，网民思想品德行为具有鲜明的特质，比如行为的群体性、快速的反应性、过程的隐匿性等。网络时代倡导以社交网络为核心，网民的网络行为，在适应客观现实需要的基础上，可以产生高效、机动的效果。而社会化软件的隐匿性、互动性、共享性，还可以带动原本互不认识的网络主体之间，组建群体，共同行动，取得成效。

四、深刻把握网络思想政治教育工作的基本规律

加强和改进网络思想政治教育，既要深刻认识并把握网络文化发展规律，又要辩证地看待网络环境下思想政治教育工作与人的发展的关系，同时还要注意处理好网络之上与现实之下、网络传播与网民接受、主体性与主导性等三个矛盾关系。

（一）网络之上与现实之下有机结合

网络之上的思想政治教育与现实之下思想政治教育本身密切相关。从时空关系上看，网络极大地消除了这里和那里、这时和那时的区别与界限，让思想政治教育实现了无缝对接；从性质关系上看，互联网作为一种高度社会化的媒介，社会问题网络化、网络问题社会化也已经逐步成为社会发展的一个显著特征。为此，网络思想政治教育工作要坚持整体性、协调性、系统性的原则，将网络之上与现实之下有机结合，避免陷入"非此即彼"的误区。

（二）网络传播与网民接受有机结合

网络思想政治教育依赖于网络传播，才能实现教育信息传达的迅捷和有效，从教育传播学的角度来看，网络思想政治教育主导下的网络传播具备了海量存储、传输快捷、超链接的传播特性，可以完美满足网民的传授心理，构建起覆盖广泛、多元链接、富有效率的信息服务体系。同时基于网络平等的交互特性，网民之间的互动更加频繁，形成共建共享、怡情益智的网上精神家园。充分利用网络碎片化、便捷的传播特性，呼应网民的受传心理，可以有效提高网络传播的效率，实现网络思想政治教育双向互动的美好愿景。

（三）主体性与主导性有机结合

网络技术条件下，网络思想政治教育本身的教育目的、教育角色、教育任务这些要素都没有发生根本性改变，但是在一定程度上失去了教育信息"先导权"和"支配权"的传统优势，网络信息的纷繁复杂也造成了网络思想政治教育不能通过"信息过滤"方式进行所谓的"纯粹思想"教育。

相反，网络思想政治教育客体凭借网络技术的优势，也成为教育信息的生产者、加工者、传播者，与网络思想政治教育主体之间的关系变得更加平等、合作、发展、共赢。只有充分发挥网络思想政治教育主体和教育客体之间的主体性效能，以主导性的态度和理念融入教育的全过程中，才能充分发挥网络的正向效应，实现网络思想政治教育的根本宗旨。

第四章
网络思想政治教育的现实困境与应对之策

互联网迅猛发展的态势之下,网络已经渗透到公民社会生活的方方面面,成为我国政治体制、经济变革、社会结构、利益格局等诸多方面的新型信息传递桥梁。伴随着网络信息技术的不断革新,网络思想政治教育的教育媒介日益多元化、教育内容日益海量化,成为传统思想政治教育在网络一端的生动呈现。

互联网背景下的网络思想政治教育面临各种新挑战和新问题,比如网络"圈层化"、网络青年亚文化等不同因素的影响。基于这样的背景,网络思想政治教育的展开如何能够更加积极、有效塑造网民正确的世界观、人生观和价值观,是个值得思考的现实问题。

第一节 网络思想政治教育的"圈层化"困境与应对之策

互联网的发展带来了信息技术产业的颠覆性变革,海量教育信息的出现和快速裂变、传播,成为网络思想政治教育进步的动力之一。但是,信息技术革命也带来了网络思想政治教育全新的挑战——网络"圈层化"。网络"圈层化"会导致圈层内信息教育趋向封闭,影响教育主客体之间的互动,甚至出现信息屏障之可能。因此,通过一系列积极有效举措,破除网络"圈层化"的局限,是新时代网络思想政治教育顺应时代潮流的应有之义。

一、网络"圈层化"概念与特点

互联网日新月异的时代，信息化与新媒体技术变革，激发了网络"圈层化"现象的出现，何谓网络"圈层化"？网络"圈层化"具有哪些特征？网络"圈层化"的影响效应如何？

（一）概念厘定

德国的农业经济学家冯·杜能最早提出了"圈层式空间结构理论"，这时"圈层"这个词汇被首次提出来了。"圈层式空间结构理论"认为：城市作为一个不断变动的区域实体，是"圈层"的中心，在区域经济的发展中处于主导地位，以城市为中心向外围呈规则性的向心空间层次分化，可以判定城市对区域经济的促进作用与空间距离成反比。

网络社会与现实社会作为人们存在形式的两极，网络社会是现实社会的映射，以其即时性、共享性、虚拟性等特质，吸引着越来越多的网民聚集于多元化的网络平台，越来越多的网络社群出现了，经过发展和壮大，具有了不可令人小觑的行动力、组织力和影响力。

何谓网络"圈层"？不同学者给出了不同的解读。陈志勇认为："'圈层'是网络社群的一种具体形态，就是一些有相似特性的网络用户在某个他们共同喜好的网络平台上聚集，形成一个个网络聚合体。仅从这个含义上来说，圈层与网络社群无异，但区别在于，圈层还表现为如分层一样形成的网络层级架构，简言之，圈层就是有层级的圈子。"[①]

曹银忠、李栓栓认为："网络圈层化是建立在网络空间的社会组织方式和交往方式，是网络信息时代发展的必然产物。"[②]

郑寿认为："进入 21 世纪，随着互联网媒介的技术革新，网络已经

[①] 陈志勇."圈层化"困境：高校网络思想政治教育的新挑战[J]. 思想教育研究，2016(5)：70-74.

[②] 曹银忠，李栓栓. 破圈：网络圈层化背景下高校思想政治教育的新使命[J]. 重庆邮电大学学报（社会科学版），2022，34(1)：79-87.

超越了工具范畴，成为一种环境，工具可以选择用与不用，环境让人无所遁形，大学生的社交活动逐渐由线下转移到线上，特别是即时通信工具、社交网络应用和人工智能技术的快速发展，推动了具有相同特性、兴趣、需求的大学生在网络上相互交集、互相联系，进行社交往来和信息交互进而形成了一个个核心稳固、联结紧密的网络聚合体。网络聚合体又因为亲密度和黏合度强弱之分展现出层级区别，呈现出层级架构，大学生网络社交和网络信息的层级化愈发显现，网络圈层化加速形成，大学生网络'圈层化'由此得名。"[1]

吴晓利认为："用'圈层化'表述当前大学生在网络空间的生活状态与方式，主要是指大学生在网络环境中形成的只在特定圈层中进行的信息交互的现象和趋势。"[2]

从以上这些概念可以看出，目前学界对于网络"圈层化"的界定主要从网民所接触的网络环境以及网络社交行为展开的方式进行论述。针对网络"圈层化"概念界定的具体内容和表述大同小异，但是都认同网络"圈层化"对网络思想政治教育造成了不少困扰，需要对症下药，化解"圈层"的负面效应。

（二）特征分析

网络虚拟空间形成的一个个网络"圈层"，具有以下几个特征：

1. 网络"圈层"的构成具有相对稳定性

网络"圈层"的构成具有相对稳定性，这是受圈层内主客体关系的稳定情况而决定的。网络虚拟社会是现实存在空间的延展和衍生，现实空间主客体之间的稳定关系在网络空间中也保持了相对稳定。网民的社交习惯、生活习惯、学习习惯虽然各自不一，但是相对于个体本身又是稳

---

[1] 郑寿. 网络"圈层化"背景下的大学生思想政治教育[J]. 高校辅导员学刊, 2020, 12(3): 51-55.
[2] 吴晓利. "圈层化"背景下大学生思想政治教育困境与对策分析[J]. 高校辅导员, 2017(6): 56-58.

定的，因此这些兴趣、爱好和习惯的相对稳定性投射到圈层内部，让圈层的构成也具有了相对稳定性。

2. 网络"圈层"的选择具有相对自主性

网络"圈层"是由相应个体聚集而成，概念本身是相对于个体而言的，如果圈层越高级，则越加以个体为中心而存在。一方面，每一个圈层对于个体的意义也不相同，个体可以自主选择是否加入这个圈层，在这个圈层之中以何种姿态参与活动，参与的积极性和主动性又是多少，从这个含义上来说，网络"圈层"的选择具有相对自主性。另一方面，不同的网络"圈层"也是根据个体的兴趣点、关注点而形成的，因此在圈层形成的过程中，个体的独立性、选择自主性也得到充分体现。

3. 网络"圈层"的信息获取具有相对封闭性

网络"圈层"信息获取的相对独立性从一方面来看，网络本身是个海量的存储器，因此可选择的信息和内容纷繁复杂，对于个体而言，如果对于网络信息的筛选和应用能力较弱的话，就有可能无所适从，给自身的选择造成诸多困扰。这种情况之下，个体也会存在选择性接受网络信息的可能，仅仅关注自己感兴趣的议题和内容，只和自己具有相同背景或者兴趣爱好的个体相互交流，逐步形成了封闭的信息孤岛，从而失去了更多思想碰撞、心灵融合的机会。另一方面，网络"圈层"本身就由不同的兴趣偏好而形成，圈层化的形态让个体在信息获取上产生一定的"免疫"功能，只关注这个圈层内所感兴趣的内容，其他的信息则会被隔绝于圈层之外。同时，个体又可以在圈层内决定信息传播的受众和范围，甚至是将特定的信息传递给特定的人，圈层内部的信息具有高度同质化特征，在某种意义上造成了信息获取的自由开放到相对自我封闭的异化。

4. 网络"圈层"的交互关系具有相对层级性

个体之间组成的网络"圈层"是一个有着层级区别的网络社交圈子，代表着信息传递精准迅速的网络社交发展模式。个体可以同时存在于若干个圈层之中，但是每个圈层的话语体系、认知特点、表达方式、活动形式等方面相互区别，因此个体在圈层中所处的教育层级也就不同，所扮演的角色也会有着较大差异。按照圈层内的关系层级、交流频次、社交亲密度等要素来区分，圈层可以分为三个部分，分别是核心圈层、中间圈层、外部圈层。

5. 网络"圈层"的思维方式具有相对极端性

网络"圈层"的形成具有自发性，圈层内部的成员之间具有诸多相同的特质，比如认可共同的观点，具有类似的价值认知，持有相同的兴趣爱好，开展比较匹配的活动方式，等等，因此网络"圈层"表现出了圈层内同质、圈层外异质的特性。基于这样的特性，圈层内的思维认知可能被不断强化，个体同其他圈层之间的交往、交流逐渐减少，圈层就变得更为牢不可破了。

久而久之，圈层内固化的不断强化，会导致个体出现一些不良心理状态，比如盲目自信、心胸狭隘、孤立自卑等。伴随不良心理状态的产生，个体的思维方式也就具有了偏见产生的可能，有些个体会认为自己的观点就是真理，也极为排斥其他合理性观点的进入。这种认知如果被圈层内部的个体所认同，则有可能演变为极端思想，极端行为也会随之出现。

（三）效应呈现

网络"圈层化"还有几个具体的效应，具体表现为以下几个方面：

1. 每个网络圈层内部具备独特的价值观

根据网络"圈层化"的概念分析可以看出，每个圈层实质上是有着一群相似偏好的人群聚集在一起而形成的，都会有自己独特的文化和独特的价值观，从而区别于其他圈层的存在。这种独特的价值观既可能是合作的基础，也可能是引发异议的根源。基于这种情况，圈层内的成员对于共有的价值观念是接受的，人人习以为常，但是圈层外的人可能无法理解这个价值观,甚至会引发不同圈层之间的对立和冲突。

2. 每个网络圈层外部具有明显的"标签偏好"

网络"圈层"内在的本质表现就是价值观作为衡量标尺,那么对于外在而言,"标签偏好"就是如果说价值观是一个圈层内在的体现,那"标签"就是外在的体现。一个个圈层之间,都可以被打上不同的"标签偏好",作为区别于其他圈层的特征之一。不同圈层的人,在评价对方的时候,可以首先进行标签上的识别。比如说,"文艺青年"作为一个标签,是指喜欢文化艺术的人,这类人对文化艺术有所涉猎。而"小资"作为另一个标签,大概于20世纪90年代开始流行,特指向往西方思想生活,追求内心体验、物质和精神享受的年轻人。小资情调应该是一种追求生活品位的人。"小资"一般在社会中有一定的地位和财富,又与"中产阶级"相差一定距离,多为都市白领。

3. 每个网络圈层存在"意见领袖"

每一个圈层都会有自己的"意见领袖",他们在圈层中可能是构成信息和影响的重要来源,能左右圈层内大多人的意见和想法。这些"意见领袖"可能不一定是圈层内的正式领袖,但是却拥有较大的影响力,可谓是"大神"。但是,如果离开了这个圈层,这些人可能什么身份都不是了。

(四)生成机理

1. 网络"圈层化"的技术生成逻辑

网络技术的发展,海量信息的传播为网络"圈层化"的存在提供了技术层面的生成逻辑,是圈层化运行的价值标尺。

从一方面而言,网络"圈层化"的出现和发展需要遵循互联网与信息科技本身的逻辑关系。1947年,根据美国著名社会心理学家、传播学四大奠基人之一——库尔特·卢因在《群体生活的渠道》一文中提出的"把关人理论",认为在网络群体传播的研究过程中,信息的流动或者是阻

第四章 网络思想政治教育的现实困境与应对之策

隔是在一些含有"门区"的渠道里进行的，这就意味着要遵循既定的逻辑向导，只有在符合群体规范或把关人价值标准的信息才能进入传播渠道，并得以向其他群体展开。

数字化的生存模式打破了原有的物理限制和时空观念，拓展了人类实践活动的新领域和新范畴，人类的活动从现实社会拓展到了虚拟空间，不再受到某时、某地的限制了。实时革新的信息技术手段让网络"圈层化"中原有的高度分隔性得到进一步加强，不同网络圈层之间的个体所接触的信息范围不尽相同，因此又存在构筑起新的关系网络之可能。

从另一方面而言，网络技术制约着网络"圈层"的出现、酝酿、表达方式和活动机制，提供了圈层内群体或是个体的思想传播以及行为实践的框架和向度。在固有圈层范围之内，可以承载、获取、触碰哪些网络信息、哪些程度的网络信息、哪些主题的网络信息，很大程度上受限于网络的算法逻辑。圈层内个体的信息表达是否可以进一步升级转化为群体性认同，也取决于其信息内容、传播方式是否符合网络技术的运行轨迹和逻辑指向，是否符合网络环境的话语表达和传播机制等要素。

2. 网络"圈层化"的理论生成逻辑

"圈层"这个概念虽然是在德国农业经济学家冯·杜能"圈层式空间结构理论"中被首次提出的，但是圈层文化却不是网络时代特有的产物。自古以来，"圈层"这个现象就存在于人类生活的方方面面，覆盖于历史的各个角落、社会的各个领域。

著名社会学家、人类学家费孝通在《乡土中国》一书中，首次提出了"差序格局"这一概念，直指中国圈子文化的社会本质，揭开了中国乡土社会运行的底层逻辑。中国社会存在着各种各样的"圈子"，这些"圈子"之间既可能互相隔离，又可能互相交叠，因此"差序格局"实质上就是一个人和其他人形成的群体，这个群体的大小取决于核心人物的实力，作为私人关系联结成的网络，这个结构可以不断向外延展。"物以类聚、人以群分"便是人类社群关系的一种基本常态。

在互联网出现之前，人类社会大多是熟人社会，基于熟人关系和社交建立起了交往圈子，这样的交往受到了时间和空间的限制，是以血缘、地缘、业缘为基础的小圈子。互联网出现以后，时空之间的羁绊被打破了，国内的学者善于用复杂网络阐述信息时代的底层逻辑，将中国社会的"关系""圈子"等特质放置于中国本土化管理研究之中，凸显出了本土的文化特色。显而易见，技术的革新，加速并且巩固了以社会样态和网络样态相交织的"圈层化"现象生成，将以往以血缘、地缘、业缘作为主要特征的传统圈子与以"趣缘"为主要特征的新型网络圈子相互融合，逐渐形成了以兴趣爱好、价值观念、情感追求、文化经验、话语模式等为基础和核心的网络圈层。

新的历史条件下，网络思想政治教育必须适应新发展的需要，针对网络"圈层化"的影响做出及时有效的反应和调整，提高教育的针对性、实效性和有用性。

3. 网络"圈层化"的现实生成逻辑

大量的网民将生活、学习、工作平台平移到了网络虚拟空间之中，作为数字化生存的另一种体现，网民对于海量的网络信息必然会出现筛选与过滤的过程。在这个过程之中，如何可以高效、快速做出信息选择的反应，建立起应对机制，很大程度上也依赖于网民对某些特定信息源的选择偏好和路径依赖。

随着云时代的来临，大数据得到了越来越多的关注，在掌握庞大数据信息的基础上，还进一步对这些数据进行专业化的分析和处理，实现数据"增值"。大数据具有的 Volume（大量）、Velocity（高速）、Variety（多样）、Value（低价值密度）、Veracity（真实性）五个特性，意味着会根据网络用户的日常需求、使用习惯进行及时、有效、准确地锁定选择偏好，实现网络信息的精准投放。这种数据化的精准供应方式，让需求导向实现了供需关系之间的默契和平衡，特定的网络"圈层"无形中被强化。

二、网络"圈层化"的消极影响

网络思想政治教育面临着信息技术革命的诸多问题和挑战，网络"圈层化"是当下网络思想政治教育出现的一个新困境。作为互联网发展过程中不可逆发展趋势，网络"圈层化"会给网络思想政治教育带来各种消极影响，比如信息获取的相对封闭性让主流意识形态难以进入圈层内部，造成一定的认知障碍；圈层内部信息传播自由，导致一定的监管难度，等等。

面对这些消极影响因素，如果网络思想政治教育不能及时、有效对教育客体进行主动引导和教育，则会导致思想和立场出现问题，进而影响世界观、人生观、价值观的塑造。网络"圈层化"一系列问题的产生，需要网络思想政治教育主动作为，积极应对，打破信息交互屏障，突破圈层传播困境。

（一）主流意识形态难以进入圈层内部，造成一定的认知障碍

1. 圈层之间的信息选择偏好让主流意识形态难以进入

今天，网络信息化的发展趋势，成为一股不可逆转的时代洪流，互联网已经渗透到人类生活的每个角落，深刻影响并改变着人们的生存时代以及生存方式，一个全新而又与世界紧密相连的虚拟生存场域横空出世，传统现实社会的存续发生了重大挑战。

网络"圈层"的出现从本质上来说，和桑斯坦在《信息乌托邦》一书中提出的"信息茧房"理念极为相似。"信息茧房"是指人们因为日常兴趣偏好的影响，对于所关注的信息领域也会有所选择和指定，这就好像蚕生活在了蚕茧中一样，人也把自己桎梏在"茧房"之中。

网络之下，越来越多的社群组织出现了，各种网络信息在这些社群内彼此之间高效交流，随着海量信息经过一定的"选择""过滤""分解"

"传播"，社群逐渐屏蔽与之不同的意见，最后形成兴趣爱好较为一致的网络"圈层"。经过这一整套机制运作下来，在集体心理和从众心理的暗示和影响之下，集体施加个体的压力越加明显，圈层内个体之间的观点变得日益相近，价值变得日益趋同，因此也造成了网民群体中圈层话语权和非主流话语权的强化。

网络圈层中的成员基于基本相同的兴趣偏好、价值选择形成一个较为稳固的群体，这个群体之间拥有共同的情感标尺和价值认同，这是圈层内部生态系统得以正常维持并运行的纽带。这种情形之下，主流意识形态逐渐被圈层的信息过滤机制排除在外，群体成员更青睐于选择圈层内部的学习信息和知识获取，对圈层外部的信息相对比较排斥，并且与圈层之外的其他圈层之间形成了难以逾越的鸿沟。

2. 圈层内外的信息传播机制让主流意识形态难以被扩散

由于圈层之间存在的明显差异，导致圈层外部高度异质性，而圈层内部则是高度同质性，形成了一个完整的闭环。网络圈层内部的个体在进行学习、体验、实践的过程中，会倾向于内部"意见领袖"的看法和观点，因此其价值判断、价值认知等深受圈层文化的影响。

从圈层内部的信息传播机制来看，个体对于主流声音、主流意识形态的传播相对持中立的态度，这种程度的不主动和不作为，导致在相对独立封闭的圈层空间内，个体更容易被非主流的声音所吸引，形成了主流声音、主流意识形态难以覆盖的真空，无法真正融入个体的认知世界里，无法形成网络思想政治教育同频共振的积极效果。

从圈层外部的信息传播机制来看，网络圈层本身是现实社会的映射和体现，现实社会存在的问题和不足在网络虚拟领域中也会得到呈现并被广泛传播，历史虚无主义、狭隘民族主义等不良社会思潮乘虚而入，让民众的价值观念选择出现问题，甚至是偏差，无法理性正常去看待问题，看待世界，从而影响了发展的方向。网络圈层具有的思维方式相对极端性则可能加重这一趋势，对网民群体的世界观、人生观和价值观造成不良的影响,出现一定层面的价值认知障碍。

网络思想政治教育则要敢于同一切不良社会思潮做斗争,勇于突破一切桎梏和枷锁,冲出一切藩篱的束缚,突破不良社会思潮的狭隘限制,构建网络群体积极向上的世界观、人生观和价值观。

(二)圈层内部信息传播自由,导致一定的监管难度

网络空间实现了虚拟和现实的完美链接,自由开放的虚拟社会中,海量的信息存储以裂变的形式得到了传播和扩散。人类获取知识的途径和方式发生了巨大变革,但同时网络虚拟性的特征又让不良信息、有害信息有了藏身之处,社会群体认同的离散风险进一步显现,挑战并威胁着网络思想政治教育的现实展开。

网络"圈层"之中,个体之间基于对圈层内部的共同信任,信息传播机制比较自由,交互关系也比较紧密,因此传播的信息内容种类繁多,既有圈层边缘的利益和需求扩散,也有核心圈层的一些隐秘信息。

但是圈层构成的相对稳定性、信息获取的相互封闭性以及交互关系的相对层级性,会导致圈层内部的信息传播不受相应原则的审核和限制。一些信息没有经过来源印证,仅仅是基于圈层内部的高度信任和传播自由,甚至披上了"有图有真相"的合理化外衣,自由无序在圈层内部甚至是圈层之间流动和传播,信息监管难度逐步加大。有些低俗、消极、虚假的负面信息,会因为特定标题而达到吸睛的效果,难以辨别来源真假,群体盲目跟风转发,无形之中增加了不良信息传播的负面效应,加大了对于信息甄别、信息管理的把控难度,成为管理传播过程的灰色地带。

"圈层化"的存在,为一些负面信息的传播提供了庇护,而圈层外的价值引导与有效信息很难提前介入的窘境,又会让这些负面信息的不良影响日益扩大,互联网的网络舆情监管难度也会加大,从而形成一个个不容易覆盖的信息盲区。网络监管在一定程度上的难以介入、无法作为

和束手无策，不仅无法保障网络信息的安全，也无从发挥网络监管的应尽之责，有害信息无法及时过滤，网络安全也就无从谈起。

网络思想政治教育如果无法及时跟进处理这样的灰色地带，第一时间处置负面信息并加以正向引导，则无法确保思想政治教育的行为自觉，这既是技术时代下价值认知、情感认同的预设前提，更是虚拟实践对困境挑战的殷切回应。

（三）圈层导致教育主客体之间认知差异逐渐加大

互联网的发展促使新媒介的传播形态发生了翻天覆地的变化，网络思想政治教育的模式突破了传统思想政治教育的模式限制，教育方式不再局限于单一的模式，趋向于多元化、立体化和自主化。

比起现实社会中较为单一的信息渠道来源，互联网就是一个百宝箱，资源丰富，储量丰沛，取之不尽用之不竭，是一个海量的电子图书馆。网络思想政治教育利用众多新媒介传播手段，依靠网络快速的信息传播能力，教育信息的获取、传播和表达都有了切实的保障和供给，网络的自由气息让网络思想政治教育可以更加贴近网民的需求，更接地气。

对于网民而言，他们的生活"已逐渐嵌入社交媒体的虚拟现实中，在这个虚拟空间，视觉修辞已无可争议地成为公共话语空间构建的主要修辞手段"[1]，信息的展示形式不再局限于文本的框架和相对枯燥乏味的文字，图片、视频、音频、表情包等方式，拓宽了信息表达的外延和内涵，但是毫无疑问，"不堪重负的'观看'让我们越来越依赖眼睛而不是头脑来把握世界，进而形成对视觉行为的过分依赖"[2]。

如前所述，网络"圈层"基于个体之间的亲密社会关系或者相同、相近的核心需求黏合而成，圈层内部成员紧密相应，相互抱团。在圈层之

---

[1] 郑满宁. 网络表情包的流行与话语空间的转向[J]. 编辑之友，2016(8)：42-46.
[2] 欧阳友权. 数字传媒时代的图像表意与文字审美[J]. 学术月刊，2009，41(6):23-29.

中，个体愿意充分展现自我，彰显个性，进而获得更广泛的圈层内认同。网络中有句流行语——"了解一个人，就去了解他的朋友圈"，这句话展现了网络"圈层"生活的客观性和真实性。圈层内部的个体通过"晒""发""赞""转""评"等方式，表现自己的思想动态或者行为倾向，具有一定的封闭性和私密性，教育主体由于现实原因常常被隔绝于圈层之外，既不能进入圈层，又不能发表意见，成为完完全全的"圈外人"。教育主客体之间这种相互隔绝的局面如果加剧，必定会导致彼此认知差异的扩大，网络思想政治教育工作就会陷入被动的境地，没有办法深入有效地开展沟通、交流，达到网络思想政治教育的应有成效。

（四）圈层内外存在的两面性会加大网络思想政治教育的难度

网络虚拟空间与传统现实社会作为人类存续形式的两端，彼此相互映照，深刻互融。现实和虚拟之间的转换，五光十色，对于网络思想政治教育而言，就好比是一把双刃剑，面临着隐藏的风险和挑战。网络环境中，各种多元价值观同时并存，认知的理性和非理性，感情的稳定性和非稳定性，都会加大网络思想政治教育的难度。

1. 认知的理性和非理性产生了教育张力

网络思想政治教育希望教育客体的认知是理性的、客观的，拥有独立思考之能力，具备审慎辨识之水平，情感表现和实践体验纯粹而天然。但是实际上，教育客体在辨别认知的过程中，感性、随性和非理性占有一席之地，理性和非理性之间产生了教育张力。

无论圈层内外，网络虚拟社会就好比是一个天然的保护伞，教育客体既可以是真实的身份展示，也可能是隐匿的身份掩护。由此，他们可以理性地认识问题，发表正确的见解和言论，也可能被错误观念所误导，抒发自己的消极见解，甚至产生悲观、厌世之情绪。

以美国为代表的西方社会，一向标榜民主和自由，利用本国的网络资源和技术优势，大力鼓吹资产阶级的经济繁荣、科技发展和技术进步，将西方资产阶级的价值观念、利益诉求、思想表达扩散到数字化社会的角角落落和方方面面，引发了理性和非理性的争议与思考，企图在不知不觉之间，弱化主流意识形态的凝聚力和引领力，影响网民的价值尺度和理性标杆，达到解构中华民族精神支柱和价值追求的险恶用心。

网络环境中，无论是圈层之间，还是圈层内外，认知的理性和非理性都是同时并存，网络思想政治教育必须旗帜鲜明，立场坚定，直指西方资产阶级价值观的虚伪本质，才能守牢守好网络阵地，维护意识形态的安全稳定，促进思想政治教育的有序发展。

2. 感情的稳定性和非稳定性引发了认同危机

认知的理性和非理性某种层面，又会让网民的感情在稳定性和非稳定性之间徘徊。

中华民族五千年的发展，凝结了民族精神的魂魄和精髓，是历史进程中最浓墨的色彩和元素。受到这种因素的影响，网民从小到大所接受的思想政治教育，让他们在情感导向上具有一定天然的稳定性，会从以往的教育认知中，用自己积累的知识和经验做出分析和评价，对错误的思想和行为形成批判性的意见和认识，具有稳定的思维控制和情感表达能力。

但是另一方面，网络认知非理性因素的存在，又会让小部分的网民产生感性的非理性可能。比如西方价值观在中国的流入和传播，会引发小部分网民的情感认同，由于无法科学理性加以甄别和判断，容易被其演示所蛊惑，这就成为网络思想政治教育过程中非稳定性的一环。

无论是认知的理性和非理性，还是感情的稳定性和非稳定性，这些两极因素存在的本身，虽然起初看似效用不大，不会威胁主流意识形态的发声，但是经过某些炒作或者是发酵，则可能会被有心之士利用，消解原有的认知理性和感情稳定性。因此，网络思想政治教育必须时刻关注非稳定性因素的发展和变化，防微杜渐，切勿重蹈历史的覆辙。

三、网络"圈层化"的应对之策

网络社会作为一种新型社会形态,变迁的核心是信息处理技术带来人们彼此之间交往方式的新变化。今天,网络"圈层化"现象已经成为网络思想政治教育必须面对的挑战和难题。厘清网络"圈层化"的概念内涵、特征效用和生成机理,深刻分析其消极影响,对于构建应对网络"圈层化"的优化策略,具有重要意义。

要想解决网络"圈层化"这一难题,网络思想政治教育工作者应及时革新教育理念,改变教育方法,增强思想政治教育话语的吸引力,营造积极向上的圈层文化,建立有效的圈层沟通机制,缩小圈层代际分层,营造和谐有序的网络思想政治教育氛围。

(一)造圈——培育优质的网络圈层

各类多元的新媒介网络平台是网络思想政治教育的新载体,是连接教育主客体之间的桥梁。只有从教育客体的需求出发,完善圈层内容,拓展圈层功能,提升圈层体验,才能培育出健康优质的网络圈层,成为引领网络思想政治教育的新亮点。

1. 着力培养圈层中的"意见领袖"

圈层是根据高度同质化的兴趣偏好和选择聚集而成,成员之间的关系连接较为紧密,信息传播信任度高。特别是圈层内部的"意见领袖"拥有着较大影响力,掌握一定话语权,甚至在某些程度上可以左右圈层内大多数人的意见和想法。他们虽然不一定是圈层的领导者,但是可以决定圈层的走向和发展,因此是圈层内部当然的核心成员。

网络思想政治教育工作就要着力培养圈层中的"意见领袖",利用"意见领袖"所具有的人脉关系,利用"首因效应"与"近因效应"的理论策略,发挥公信力和说服力,传播舆论的正能量,进行世界观、人生观和价值观的正确引领。同时充分发挥"意见领袖"在圈层中的监督、反馈作用，对可能出现的错误信息、不良苗头，第一时间进行纠偏，避免负面影响的产生或者是进一步扩大。

2. 重点团结圈层中的核心圈层

网络圈层作为一种新的人群聚合模式，这种建立在趣味共同体基础上的圈层，让圈层内部成员之中有着一种天然的亲近感，并逐渐形成了组织性的差序格局。

这种以社交媒体为中介的网络圈层让信息的传播模式产生了茧房效应，这就好比圈层的成员总是习惯性被自己的兴趣偏好所指引，或者是被推荐算法所束缚，将自己感兴趣的信息内容和要素都桎梏在了像蚕茧一样的茧房中。个体在圈层内部会通过构建和加强交往圈子和交际关系，增强圈子成员之间对其认同感和接受度，进而强化个体认知与观念。

以兴趣爱好、生活经历聚合而成的网络圈层，成员活跃度高，网络思想政治教育要重点团结、吸引并联合圈层内的核心圈层，比如项目负责人、社团负责人、活动负责人等，扩大构建精英圈层，壮大主流声音，实现与其他成员之间的"同频共振"，有力开展圈层内信息的监控与反馈，扩大"马太效应"。

3. 整合优化内容资源再造新圈层

张洪忠认为："社交媒体时代人人均可以获得信息，'人人都有麦克风'可以用来表达，'知识沟'提出的媒介生态已经改变"，因此"从'知识沟'到'信念沟'是传媒生态变革的结果。"①

互联网时空互连的属性让圈层的组合成为一种现实和自由。不同的圈层之间的自由组合会引发碰撞与分歧，而不同圈层之间、圈层内部之间，因为个体本身存在的异质性、复杂性，也有可能激发新的矛盾与冲突，由此不同圈层之间呈现更强组织化和可见性的同时，也充满着诸多

---

① 张洪忠. 从"知识沟"到"信念沟"：虚拟空间的社会关系重构[J]. 教育传媒研究，2020(4)：卷首语.

不确定性的意味。

当圈层作为一个新型流动场域形成之后，群体根据共同的情感、爱好、兴趣品位，在网络互动中产生的共感和瞬时的体验，久而久之会形成一套共同认同的规则，从而成为一种约束成员行为的力量。

网络思想政治教育可以通过整合优质的网络资源，开发出丰富多样的平台内容，有导向性地接入外部的信息链接并加以推荐，引导用户在平台上接受优秀文化产品的熏陶和滋养，进一步提升用户体验，吸引更多用户群体围绕这些平台打造新的社交圈层。同时，运用大数据的算法逻辑，分析每个终端用户的特点，实现信息的精准传播、按需推送，让圈层的维系和运行更为稳固牢靠。

（二）入圈——成为可亲的"圈内人"

"社交媒体的扁平化网络特征很容易促成观念相同的人逐渐聚合在一起。通过相同观念建立联系的个体之间可能年龄不同、学历不同、职业不同、地域不同，但却形成了一种人口结构'纵深网状'的社会关系。而年龄、学历、职业、地域等社会属性变量在社交关系建构中不再是重要因素。"[1]网络"圈层化"更是印证了这种分析和判断，面对日渐常态的"圈层化"生存方式，网络思想政治教育工作者就要主动摘除"圈外人"的标签，化解身处圈层之外的窘迫之境，成为可亲的"圈内人"。

1. 积极转变对于圈层的偏见和误解

圈层之所以存在，某些层面是因为对于圈层的不理解，甚至是偏见和误解。"话不投机半句多"，"不是一家人，不进一家门"，网络思想政治教育如果对于"圈层"本身持有不理解的态度，融入圈层就是天方夜谭，痴人说梦，势必会遭到"圈内人"的排斥。网络思想政治工作者要在加深对"圈层化"现象的了解与认知的基础上，顺应时代的发展潮流，创

---

[1] 张洪忠. 从"知识沟"到"信念沟"：虚拟空间的社会关系重构[J]. 教育传媒研究，2020(4)：卷首语.

新网络思想政治教育教学的方式、方法以及内容，积极融入不同的圈层中去。这种融入要接地气、懂人心，要俯下身子，转变姿态，拉近距离，才能拉近彼此，让距离不再成为一种朦胧美。

2. 积极塑造健康网络形象

每一个网络"圈层"都被打上了鲜明的形象烙印，有着固有的名片和标签。网络思想政治工作者在成为"圈内人"以后，还要通过提升个人魅力，打造个人网络空间，以活跃的姿态活动于圈层内部。只有通过高频率的互动，有意义的交互，才能真正融入圈层之中，成为圈层成员真心认可和接受的伙伴。

（三）扩圈——转变圈层话语沟通新方式

社交媒体的存在，改变了人际交往的模式，让时空不再成为社交关系构建的桎梏和障碍。但是网络思想政治教育要想在新型的社交媒体和社群中扩大影响力，还是要靠加深教育主客体之间的交互关系，只有当这种交互关系达到一定深度和广度的时候，才能平等对话，增进情感，打通圈层，交融而互通。增进师生情感交流，实现全面互联互通，才能真正打通话语渠道，融入圈层中。

1. 改变圈层对话模式

圈层之间的交互主体关系较为平等，相比较于传统思想政治教育而言，更为亲密。基于这种情境，网络思想政治教育要改变传统思想政治教育"你说我听""你打我通"的沟通范式，重新量身定制新的对话模式。从传话到对话，从高姿态到低姿态，从疏离到亲密，学会倾听，主动回应，彰显活力，这样才能进得了圈、说得上话。

在圈层之中，要掌握"发声"的本领，敏锐地筛选、甄别和研判信息，通过设置议题信息，吸引圈内成员的加入与讨论，有效把握舆论方向，提升网络思想政治教育的话语权威。

2. 共建圈层对话场景

CNNIC 发布的第 49 次《中国互联网络发展状况统计报告》显示，截至 2021 年 12 月，我国网民规模达 10.32 亿，互联网普及率达 73.0%。数字化的生存模式成为人们习以为常的生活场景。网络思想政治教育要主动适应网络生活的新常态，从被动到主动，从沉默到互动，共建圈层对话场景。进入圈层不意味着融入圈层，只有通过积极共建网络生活场景，在互动中实现教育的生活化，才能打通对话通道，增进情感交流，实现双向互动。同时这种对话场景的连接应该稳定而深入，抓住场景中的关键要素，才能实现圈层内从少数到多数的互联互通。

第二节 网络思想政治教育的"网络青年亚文化"困境与应对之策

互联网的诞生，改变了信息的传播范式，可谓是信息领域的一场重大变革。在网络虚拟空间中，网民享受着狂欢式的审美体验，催生了青年亚文化的井喷。但是长期以来，主流文化对网络亚文化采取压制的方式，再加上网络主体迷失与渴望自由的胶着，导致了在现实社会与虚拟空间的二者张力之下，交流格局的多元扩张对意义多元化的过度张扬，造成了普遍价值规范缺席的文化困境。因此，网络思想政治教育需要重新审视在网络新媒介语境中，网络亚文化的概念内涵、发展现状，厘清网络亚文化的消极影响，构建积极有效的路径优化策略。

一、网络青年亚文化的发展现状与特点

网络社会作为一种建立在信息技术快速传播和链接的崭新社会组织结构形态，基于共享的基础和原则，是对传统社会生产方式和生活方式的扬弃，是对网络交互关系的互动性和快捷性的高度认可。传统的大众传媒是一种单向度传播，而网络传媒则形成了多向度的传播矩阵。互联网的日益普及，激发了网络亚文化的迅速形成，并对网络社会产生了重

大影响，也对网络思想政治教育产生了一定冲击。

（一）网络青年亚文化的概念内涵

网络文化的出现，在某些层面上意味着边缘文化对主流文化展开了冲击，网络文化所具有的互动性、开放性以及去中心化等特征，具有了一定的亚文化色彩。

国内学界对于网络青年亚文化的研究大概开始于1997年，马中红认为，在现行的研究中，何谓"网络青年亚文化"，还缺乏严格意义上的界定，其内涵不明确，外延也模糊不清。经常被缠绕在一起的概念有"网络文化""大众文化""亚文化"和"反文化"等①。

李梁则将"网络亚文化群体"与"网络媒介文化"相提并论，他认为网络媒介文化是大众文化在网络空间的延伸和替代，是网络空间里最大的文化群体，具有"主流"和"支配性"地位。与此相反，"那些网上参与人数较少，影响也相对较小的文化群体我们把它称为亚文化群体"②。

李雪在分析了亚文化、青年亚文化的概念内涵之后，指出"网络青年亚文化是青年在网络虚拟空间中，利用虚拟身份，通过网络语言、行为制造一系列网络事件，是通过网络媒介中虚拟符号的制造和传播，表达青年群体的话语和理想，从而构建出属于青年群体特有的价值体系和行为规范，该文化行为通过拼贴、同构、颠覆等方式宣泄青年心理、表达现实困惑，并且受网络商业化影响显示出对主流文化秩序的抵抗和妥协之间的摇摆"③。

平章起认为："网络青年亚文化可以视作由青年网众发展出的一种话语表达体系和价值判断逻辑，是青年对他们所面临的社会问题和当前

---

① 马中红. 国内网络青年亚文化研究现状及反思[J]. 青年探索，2011(4)：5-11.
② 李梁. 论网络传播中的文化现象[J]. 现代传播，1999(3)：1-9.
③ 李雪. 网络青年亚文化研究[D]. 南京：南京信息工程大学，2012：12.

的社会矛盾，利用网络的虚拟空间和传播优势做出的回应。"①

互联网传播的交互性和实时性，具有比报纸、广播、电视这三种媒体无法比拟的优越性，网络青年通过先进的网络信息传播和新媒介技术，与各种文化思潮、价值观念产生了激情的碰撞，形成了具有中国本土特色的社会文化生活样态，不断影响着我国网络青年群体价值观的塑造，成为网络思想政治教育不得不重视的一种社会文化传播现象。

（二）网络青年亚文化的发展现状

网络青年亚文化的形成和发展，源于现实社会深刻的烙印，具有深刻的现代性特征。

1. 网络青年亚文化是个复杂多元的社会文化价值体系

社会发展转型的过程中，青年所面对的外在压力如果得不到及时释放和排解，将逐步扩大导致社会的外在性冲突表现，不仅如此，也会引发青年群体心理发展的相对失衡产生内生性冲突。"不断更新的媒介技术为网络青年亚文化提供了广阔的塑造空间，演绎为'碎片化'的情绪释放、'符号化'的传播方式和'部落化'的群体结构。"②

网络青年亚文化是相对于网络的主流文化而言的，受影响于后结构主义、解构主义、后殖民主义等后现代理论话语的逻辑范式和表达机制，网络青年亚文化呈现出了一定碎片化、复杂化、多变化的文化特性，是网络青年在网络社交关系中逐渐形成的一种特有文化价值体系、思维模式和生活方式。

网络青年兴趣不一、爱好不一，关注的信息点也比较多元化，因此网络青年亚文化的构成体系相对也比较复杂，风格各异、旨趣不尽相

---

① 平章起，魏晓冉. 网络青年亚文化的社会冲突、传播及治理[J]. 中国青年研究，2018(11)：35-41.
② 平章起，魏晓冉. 网络青年亚文化的社会冲突、传播及治理[J]. 中国青年研究，2018(11)：35-41.

同，这种特殊的网络文化形态以碎片化的形式融入了网络文化的整个版图当中，显现了鲜明的异质性、流动性和多变性。网络青年亚文化的形成过程中，青年群体依照社会运行法则对自身进行审视和观照，有主动承担社会关怀和政治责任的作为和想法，这是青年群体社会正能量的体现和表征。另一方面而言，青年群体又很容易被自由、民主、平等的糖衣炮弹所蛊惑，这一群体心理需求的复杂性和多元性体现得淋漓尽致，他们游弋在感性与理性之间，狂躁和温和之间，宣泄与节制之间，放纵和舒适之间，这种不稳定的两极对主流意识形态建设交错发挥着解构和建构的功能，对网络主流文化形成了一定的冲击和震荡。

2. 网络青年亚文化易受西方普世价值影响和冲击

今天，西方社会一直企图干涉中国的内政外交，借助于发达的网络科技手段，寄希望于通过文化渗透、价值渗透推行"颜色革命"。随着互联网的迅猛发展和新兴媒介的迭变，西方的价值渗透也延伸到网络的各个领域，并且手段更趋隐匿化、多样化和复杂化。

在网络多元空间之中，西方国家利用网络影视、网络动漫、网络游戏等形式试图传播、输出西方的意识形态和价值观念。比如美国好莱坞作为"造星的梦工厂"，在世界电影行业中的影片影响力毋庸置疑。好莱坞拍摄的大片有着鲜明的美利坚特色，具有很强的意识形态性，将美国精神表达得淋漓尽致，《勇敢的心》《勇者行动》《美国战队：世界警察》《珍珠港》《拯救大兵瑞恩》《爱国者》《惊天危机》《阿凡达》等影片，弥漫着"个人英雄主义"的色彩，打上了西方意识形态的深刻烙印。青年群体在互联网可以充分接触到各种各样的西方价值观元素，因此也常常受到西方意识形态和价值观念潜移默化的影响。

3. 网络青年亚文化是青年群体个性的释放和写意

一般来说，网络青年亚文化属于与主流文化群体不同的次级文化，又或者说是边缘群体，显然具有和主流价值文化不同的价值选择、道德取向，对于多元的网络文化，也会形成具有自身特色的解读和品鉴。

网络青年亚文化产生于社会的一种代际矛盾，是青年群体个性在网络空间的释放和写意，带有强烈的离经叛道色彩。以西方后现代主义倡导的青年亚文化为例，他们对青年、妇女、儿童、种族等问题非常重视的原因就在于这些都是对资本主义主流意识形态的反抗姿态和内容。

中国本土社会的网络青年亚文化，以青年群体为主体构成的网民通过网络展现个性，释放情感，喜怒哀乐尽显其中，网络流行语、网络游戏、网络文化、网络恶搞，都可以算作是青年网络亚文化的表现形式。以网络流行语为例，这是青年群体在网络虚拟空间中交流的重要语言，芭比q、yyds（永远的神）、yygq（阴阳怪气）、冤种、元宇宙、plmm（漂亮美眉）、很傻很天真、打酱油、囧等新兴词汇总是层出不穷，充分展示了青年群体展现自我、表扬个性、张扬内心的个体性需求满足。对应于网络流行语，网络恶搞也是网络青年亚文化非常盛行的另一种方式，它既来源于网络却又超出网络本身的局限。网络中的恶搞可谓是无处不在，恶搞的对象既可以是国家元首、综艺明星，恶搞的内容更是包罗万象，也是当代青少年解构传统、颠覆经典、释放天性、讽刺社会的典型表现。

4. 网络青年亚文化要遵守网络传播规律

网络青年亚文化呈现出了积极和消极的两面性，积极的网络青年亚文化散发着健康向上的理念，容易被网络的主流文化形态所接纳，成为网络主流意识形态的重要组成部分。但消极的网络文化也随时在散发躺平颓废厌世的气息，特别会对未成年人产生不良影响，危害心理健康，甚至极有可能引发网络暴力和犯罪。

作为清朗网络空间的强大内动力，青年网民是网络文化和空间实践的主要建设者，也是网络主流文化的最大受益者。网络虚拟空间，是一个五彩斑斓，充满诱惑和挑战的地方，"我们必须既积极主动阐释好中国道路、中国特色，又有效维护我国政治安全和文化安全。我们必须坚持以立为本、立破并举，不断增强社会主义意识形态的凝聚力和引领力"①。因此，网络思想政治教育要重视网络青年亚文化发展和变化的规律，正视网络亚文化的消极影响和不利因素。

（三）网络青年亚文化的特点分析

随着互联网的发展，网络青年亚文化作为一种新兴的社会文化体系，日益深刻地影响着青年群体的生活与价值观念。

1. 网络青年亚文化具有边缘性

青少年作为网络青年亚文化的主要活动群体，正处于青春的懵懂期，交流、交往、学习、休闲都基本集中在网络之上，因此网络为他们的生存提供了游离而隐匿的场所，满足了青少年处于心理断乳期的客观需要，由此网络亚文化游离于网络主流文化之外，成为弱势的、次要的边缘网络文化。

2. 网络青年亚文化具有时尚性

千百年来，传统社会的人际交往以血缘、地缘和业缘为基础，无时无刻不受着来自时间和空间的羁绊，但是网络的出现彻底颠覆了这种人际交往的模式，拓展了虚拟的网络空间。网络具有即时性、自由性、交互性等特质，让青年人更容易接受并融入这一空间体系之中。青年人所具有的本能敏感和兴趣偏好，让他们成为时尚文化名副其实的创造者。青年群体在全新的网络空间可以尽情宣泄但又崇尚自由，可以颠覆常规但又渴望重塑社会秩序，这种内心的冲动和渴望是一种全新的社会交往形式，推动着网络青年亚文化不断发展。

3. 网络青年亚文化具有颠覆性

网络青年群体天性善于批判，倡导自我表达的同时渴望颠覆权威，但是这样的天性在现实社会往往得不到发泄的渠道，网络则成为最佳的

---

① 习近平. 举旗帜聚民心育新人兴文化展形象 更好完成新形势下宣传思想工作使命任务[N]. 人民日报，2018-08-23(1).

第四章　网络思想政治教育的现实困境与应对之策

场所，匿名交流可以无处不在，青少年的自我宣泄与反抗欲望有了便捷的可能。网络青年亚文化代表的是处于边缘地位的青年群体的利益，对成人社会的秩序规定和运行法则持有天然的颠覆态度，具有一定的反主流文化倾向。

4. 网络青年亚文化具有批判性

青年群体是一个最富有挑战精神的群体，他们思维活跃，充满动力，又不愿意墨守成规，对于现代社会的一些事件，往往持有不同寻常的看法，具有很强的批判性。通过网络，青年群体非常关注社会现实，也会对社会舆论造成一定影响，这种批判性让他们更容易被社会热点事件所吸引。

二、网络青年亚文化的消极影响

互联网本身拥有一套成熟完善的技术设备，形成了一个巨大的文化场域。得益于不断更新的媒介技术，网络青年亚文化具备了广阔的塑造空间和系统环境，活动于各种虚拟的文化场景之中，释放着碎片化的情绪，演绎着符号化的传播表达，构建了部落化的群体结构。

网络青年亚文化作为一种网络新兴现象，可以从社会、人文、技术等不同维度进行审视和观照。网络思想政治教育对网络青年亚文化所产生的消极影响要引起重视，有针对性进行引导，建立起优化策略模式。

（一）网络青年亚文化易使青年群体背离主流价值观

网络空间充斥着各种各样的意见、看法，交织着不同情绪和体验，是网络舆论的"晴雨表"和"风向标"，成为舆论斗争的主战场。

西方反华势力对社会主义中国不怀好意，凭借充分的媒介优势和话语霸权，试图通过散播负面舆论抹黑中国形象，世界最大的网络搜索引擎——Google、最大的视频网站——YouTube、最大的网络社交平台——Facebook、最大的新闻网站——Yahoo 等都是其组织舆论攻击的利器。

美国前国务卿奥尔布赖特就曾经评价过，中国如果要实现现代化，就不会拒绝使用互联网技术，美国可以通过利用网络将美国的价值观送到中国去。这种论调之中，浸淫着网络时代赤裸裸的"文化霸权主义"。

近年来，西方国家认为"反中"是一种正确的政治主张，美国更是将中国作为未来竞争的主要对手。近日美国国会众议长佩洛西不顾中方的强烈反对，窜访中国台湾地区，更是对国家主权与领土完整的挑衅与侵犯，严重威胁了地区安全，引发了新一轮紧张局势。诚然，抹黑中国已经成了西方政客的惯用伎俩，全球疫情防控中的波澜起伏，也充分暴露了西方国家利用一切时机借助网络舆论破坏中国国家形象、削弱中国国际影响力的战略图谋。

中国坚决打击任何妄图危害安全与国家核心利益的内部分裂势力与外部干涉势力。青年群体处于世界观、人生观、价值观形成的关键时期，但是还不具备完全的明辨是非之能力，再加上天然的批判性、颠覆性和挑战性，由于叛逆心理使然，尚未定型的世界观、人生观、价值观就很容易被消极的网络青年亚文化所误导，从而丧失应有的思想政治观点和立场，背离网络主流价值文化的引导。

网络思想政治教育要时刻警醒网络青年亚文化带来的背离主流文化的可能，克服未来即将面对的艰难与险阻，困难和挑战，凝结起中华民族的民族自信心和自豪感，共建思想牢固之屏障，为民族的复兴，国家的富强，砥砺前行。

（二）网络青年亚文化易使青年群体抵制成人社会文化

基于青年群体的生理、心理都还没有完全成熟，理性分析的能力还有待完善，容易感情用事，叛逆心比较重，在外界环境因素的刺激下，会引发非理性行为。他们对于现有的成人社会权威和等级秩序具有天然的挑战精神，基于群体的发展需求与现实处境，会形成逆反性的亚文化，也就是说抵制成人社会文化。

网络空间之下，互联网作为鼓励生产性与多元化的技术媒介，青年群体的信息表达更加自由而奔放，是完全不同于现实社会的"数字家园"。对于各类信息媒介技术的完美应用，让青年群体在网络媒介上逐步占据了主导性地位，不再是传统社会文化生产中的小卒小吏。他们以自身的社交习性、文化需求、话语范式等，展现了惊人的网络社交能力，构建了庞大的网络社交人际圈子，从根本上驱动着今日网络文化的发展方向。

身处这种前所未有的媒介革命与文化生态之中，网络青年亚文化集反叛性与先锋性于一身，也逐渐走进了当代大众文化的视域之中，并散发出前所未有的影响力。网络青年亚文化对于网络文化生态进行了一定"改写"，青年群体用自身的语言体系，渗透影响到了网络空间的方方面面，角角落落，不断累积着主动闯入网络主流文化的动能，成为当代社会文化图景中那一抹亮丽的风景。

（三）网络青年亚文化显现了青年群体素养教育的缺失

青年群体作为网络亚文化当之无愧的"弄潮儿"，更为全面接触了媒介信息技术的不断革新和变革，凭借对于信息技术的熟练掌握，青年群体拥有了网络更大的话语权和影响力，也储备了影响社会文化的巨大潜能。网络媒介为青年群体的表达拓宽了巨大的自由空间，信息技术的发展加快了传播的流转速度，网络青年亚文化逐渐抹去了边缘化的属性，具有了更强的社会影响力。

从这个意义上讲，网络为青年群体的表达赋予了自由空间，但过度的自由，未必能成为良性的发展势能，反而会引发青年群体信息素质教育缺失的可能，妨碍积极、健康的世界观、人生观、价值观的塑造。网络媒介具有的隐匿性和娱乐性，对于青年群体来说会产生不小的干扰和影响，他们会缺乏更好融入现实社会的能力。而青年群体自身所呈现出来的特质，比如自信昂扬、爱憎分明、敢于抗争、勇于追求等，让网络时代青年具有反抗秩序、追寻创新的精神气质的同时，还有可能失去规则和尺度的约束，某些极端情况下甚至引发网络暴力，形成网络舆情。

新兴媒介技术之下，网络青年亚文化的生产具备了无限可能，青年个体在各种自由的社交平台上都可以找到符合自己特质的"亚文化圈"，曾经"恶搞""宅""草根"等流行一时，现在流行于青年网民中的亚文化现象，俨然成了一场网络空间的狂欢。如今，以"丧""佛系"等为特征的网络青年亚文化形态又兴起了另一股文化热潮，是高居不下的热门话题。这些网络青年亚文化样态，会引发青年群体素质的缺失，网络思想政治教育工作者要时刻保持警醒。

再者，网络青年亚文化是技术与资本的联合产物，为了攫取更高更多的商业利益就会出现迎合群体性受众偏好的可能，为了增加青年群体的关注黏性，难免会产生娱乐化倾向，媚俗、低级的文化宣传有时可以成为商业营销的吸睛噱头。网络青年亚文化如果一味朝着娱乐化、商业化的方向发展，其本应具有的异质性、创新性可能会被淹没，甚至消失殆尽。一些青年群体会沉溺于网络游戏不可自拔，流连于不良网站难以脱身，造成学业的荒废，心理的困解，引发一系列的负面连锁反应，激发更多社会问题的发生。

因此，如何正确认识和运用网络青年亚文化，提高网络信息辨别力，也成为网络思想政治教育亟须解决的困境和问题。

（四）网络青年亚文化诱使了青年群体违法犯罪行为的产生

网络文化就是一把双刃剑，网络青年亚文化则是这把双刃剑上具有较高危险系数的一端。网络的虚拟性、匿名性、开放性、自由性等特质，会使得负面网络信息的传播不可避免，甚至加快，一些暴力、血腥、色情的网络新闻、图片、游戏等，让青年群体面临着消极网络亚文化侵蚀的可能。一些青年因为难以从这样的漩涡和泥潭中抽身，甚至会以身试法，走上犯罪的不归之路，不少青少年犯罪个案的解读，让人触目惊心。

网络青年亚文化消极层面的因素，比如色情、暴力，诱使了青年群体违法犯罪行为的产生，严重的时候甚至会威胁到网络安全和社会的稳定，网络思想政治教育要正面这一现实问题。

三、应对网络青年亚文化消极影响的对策与建议

网络传播方式的变革在拓展人际交往方式的同时，也给认知设置了新的障碍和枷锁。现实社会的价值冲突映射到网络空间之后，青年群体也会面临着诸如生活虚无、道德下滑、信仰缺失等问题。网络青年亚文化作为一种非主流的、边缘化的文化形态，需要克服亚文化所具有的反传统性和抵抗性，积极依附并融合于网络主流文化之中。

网络思想政治教育针对网络亚文化对青年群体产生的消极影响，关键在于要厘清脉络，转变思路，用社会主义核心价值观引领健康向上的青年社会心态，探索主流文化与网络青年亚文化和谐共处之道，使网络亚文化成为促进青年群体全面发展的有效载体。

（一）网络主流文化建设要引领网络青年亚文化的健康发展

"亚文化"是一个舶来词，而国内关于网络青年亚文化的研究也刚起步。网络青年亚文化具有不同的形态，不同的文化表现可能源自不同的社会张力和现实诱因，是多重社会因素综合作用的结果。

1. 网络青年亚文化的塑造要以爱国主义教育作为主旋律

五千年的中华文明，犹如璀璨的珠宝，是一笔传世的宝贵财富。中华儿女生活在这块土地之上，爱国情感凝结着万千人民，相互融合，共同发展。诚然，"爱国，是人世间最深层、最持久的情感，是一个人立德之源、立功之本"[①]，中华民族爱国主义教育的旨归就是实现中华民族

[①] 习近平. 在北京大学师生座谈会上的讲话[N]. 人民日报，2018-05-03(2).

的伟大复兴，只有这样才能振奋民族士气，凝练民族内核，聚拢民族力量。

一直以来，中华民族渴求实现中华民族伟大复兴的愿望从未改变，一路历经新民主主义革命阶段、社会主义革命和建设阶段、改革开放和现代化建设阶段以及新时代中国特色社会主义阶段，中华民族实现了站起来、富起来、强起来的伟大飞跃。"实现中华民族伟大复兴的中国梦，就是要实现国家富强、民族振兴、人民幸福，既深深体现了今天中国人的理想，也深深反映了中国人自古以来不懈追求进步的光荣传统。"①

改革开放的40多年，世界见证了无数中国奇迹的产生。目前，中国的经济总量已经跃居世界第二，科技、国防、文化、卫生、教育等各项事业取得了长足的发展和进步，国家的综合国力不断提升，这些都成为今天接近和实现中华民族伟大复兴梦想的现实条件以及基础。

中国共产党带领中国人民不断奋进的历史已然证明，爱国主义必须要坚持走社会主义道路，"实践充分证明，中国特色社会主义是中国共产党和中国人民团结的旗帜、奋进的旗帜、胜利的旗帜。我们要全面建成小康社会、加快推进社会主义现代化、实现中华民族伟大复兴，必须始终高举中国特色社会主义伟大旗帜，坚定不移坚持和发展中国特色社会主义"②。

实现中华民族伟大复兴中国梦，不是海市蜃楼，也不是空中楼阁，这项伟大的事业既需要足够的物质力量作为坚实基础，还需要强大的精神力量作为动力支撑，因此"大力弘扬以改革创新为核心的时代精神，为实现中华民族伟大复兴的中国梦提供共同精神支柱和强大精神动力"③，成为未来民族发展路径和前进方向的应有之义。

---

① 习近平. 文明交流互鉴是推动人类文明进步和世界和平发展的重要动力[J]. 思想政治工作研究，2019(6)：7-9.

② 习近平. 习近平谈治国理政：第1卷[M]. 北京：外文出版社，2018：8.

③ 习近平. 大力弘扬伟大爱国主义精神 为实现中国梦提供精神支柱[N]. 人民日报，2015-12-31(1).

网络青年亚文化的塑造就要坚持以爱国主义教育作为主旋律,"要把爱国主义教育贯穿国民教育和精神文明建设全过程"①,让其成为实现中华民族伟大复兴的不竭之精神动力,"引导人民树立和坚持正确的历史观、民族观、国家观、文化观,不断增强中华民族的归属感、认同感、尊严感、荣誉感"②。

面对网络时代的新挑战,必须善于学习和研究网络青年亚文化,坚持社会主义先进文化的前进方向,唱响网络思想政治教育的铿锵礼赞,引导网络亚文化健康发展。

2. 网络青年亚文化的塑造要以社会主义核心价值体系作为主基调

网络青年亚文化存在的消极影响不容忽视,防微杜渐的重要性和紧迫性不言而喻。近几年,网络青年亚文化的发展势头正劲,但是随之而来的消极因素也在不断辐射和影响到其他网络文化领域。

因此,网络青年亚文化的塑造还必须以社会主义核心价值体系作为主基调,坚持以主流意识形态文化引导、规范青年群体的网络行为、网络社交、网络道德,树立正确的世界观、人生观、价值观,不断增强网络青年对网络主流文化的认同感,使积极的网络青年亚文化向网络主流文化靠拢并前进,成为网络主流文化的重要组成部分。

社会主义核心价值观的发生和发展,深深扎根于中国大地,是实现中国特色社会主义现代化实践的时代主旋律,体现了高度的理论自觉与价值自觉。在顺应和平、发展、合作、共赢原则的基础上,将个人的历史使命、责任与国家的命运、前途相统一,将个人前途与祖国富强、人类命运相依托,为构建人类命运共同体、开创文明富强的新时代而不负韶华,砥砺前行。

社会主义核心价值观作为我国的主流意识形态,在面对新媒介传播

---

① 习近平. 大力弘扬伟大爱国主义精神 为实现中国梦提供精神支柱[N]. 人民日报, 2015-12-31(1).
② 习近平. 大力弘扬伟大爱国主义精神 为实现中国梦提供精神支柱[N]. 人民日报, 2015-12-31(1).

方式的革新之下，要勇于突破传统思想政治教育的范式框架，将"现实困境"转变为"技术优势"，准确地把核心价值观所倡导的价值要求、道德规范融入新媒体环境之中，将文字、图片、音频、视频、表情包等多元的信息传播载体进行整合，推动主流意识形态的合理化表达，强化青年群体对社会主义核心价值观的认知、领悟和体验，让其成为青年群体澎湃爱国情感的重要依托，凝聚起实现中华民族伟大复兴的最大情感认同和价值共识。

3. 网络青年亚文化的塑造要坚持社会主义文化的前进方向

网络青年亚文化的塑造要坚持社会主义先进文化的前进方向，把控好网络舆论的话语权，树立网上舆论主导权。在网络社会中，针对青年群体，要大力弘扬社会主义先进文化，让网络主流文化占据互联网的建设高地，形成积极、健康、向上的网络文化走向，抢占网络舆论制高点，引导网络亚文化健康发展。

网络思想政治教育依照贴近实际、贴近生活的原则，以青少年的成长发展规律为指向，开展丰富多彩的网络文明教育活动，将思想政治教育与网络科技、网络游戏等载体相结合，寓教于行，寓教于乐，不断满足青少年群体日益增长的精神文化建设需求，从而增强网络思想政治教育的针对性和实效性。

（二）网络青年亚文化的发展要进行管理思维变革，实现冲突到协调的蜕变

网络青年亚文化作为网络文化的一个组成部分，从属于网络主流文化，位于网络文化圈层的边缘。青年群体作为网络青年亚文化的缔造者，个性活泼，敢于创新，喜欢挑战，这样的性格造成了这个群体对成年人社会秩序具有天然的挑战性，希望用颠覆的思维挑战成年人社会的权威。由此，网络青年亚文化便具有了边缘性、颠覆性、批判性的特征。

但是青年群体正值世界观、人生观和价值观形成的关键时期，网络青年亚文化具有的破坏性和颠覆性会让涉世未深的青少年产生一种错觉，认为网络青年亚文化就是网络主流文化，把这种文化所宣扬的价值观念、道德标准作为主流文化的健康价值观念来对待。

冲突思维作为管理模式的一种体现，是针对矛盾、冲突、事物发展以及这三者之间关系的理性认识，采用自上而下的单项式管控。针对网络青年亚文化的管理方式，会习惯性采取冲突思维的模式，开展"管控"模式成为最为直接和必要的管理手段。但是从冲突思维的角度对网络青年亚文化进行管理和评判，网络青年亚文化的发展会呈现较为被动的客观结果，在一定程度上会造成这种文化价值体系本身的运动机能的损害，不利于网络社会文化生态的健康发展。

以社会主流文化作为衡量青年群体举止行为的标尺，必然要求他们的举止行为要与社会主流文化一致，如果出现不一致，则要求进行必要的改变和完善。但是单项式的管理，只能是表面性的顺从，这种关系的缓解只是暂时的，没有办法达到天然的平衡。一旦这种管控稍微发生了松动，网络青年亚文化与主流文化的紧张关系就会再度显现。因此，实现网络青年亚文化的管理思维突破势在必行。

伴随着网络新媒体技术的迭变和发展，网络青年亚文化的复制和传播融入网络社会主流文化的形式更加碎片化，因此网络青年亚文化所带有的颠覆性、批判性有所削弱。实现网络青年亚文化管理模式的突破，就要改变以往冲突思维的固化模式，将其转变为协调治理的新思维范式。协调治理思维采取的是双向奔赴的管理构成，强调自上而下的管治与自下而上、多方参与相结合的管理，双向互通的管理模式可以促进网络青年亚文化的良性循环。

开展网络青年亚文化的协调治理，意味着主张以引导和规范的手段，将单项式的强制性权力限制在合理的范围之内，倡导在主流意识形态允许的范围之下，通过适度监督和管理，引领网络青年亚文化进行科学、合理、规范的自治发展。

1. 坚持"以文化人"与"以人育人"相结合

网络思想政治教育通过将社会主义核心价值观与网络青年亚文化相结合，建立多元的文化认同机制，坚持"以人化人"与"以人育人"相结合，正视听，明根本，克服网络青年亚文化颠覆性、挑战性的虚无主义倾向，发挥社会主义核心价值观的育人功效，以坚定的文化自觉、文化自信、文化自强，引领青年群体强化思想认知，赓续红色血脉，坚定道路选择。

只有遵循一定的主流价值导向，才能克服青年群体对主流意识形态的认识偏见和情感疏离，让网络青年亚文化进入发展的正确轨道和方向，增强民族的归属感、认同感、尊严感。

2. 倡导关注青年群体合理化发展诉求

协商治理作为一种更为优化的管理思维，需要在客观的基础上，用理性和审慎的态度进行判断和选择。网络青年亚文化本身就是社会现实的映射，青年群体在社会政治、经济、文化等变革过程中会做出回应和表达，这也是彰显其性格特征和精神追求的一种方式。

网络思想政治教育基于协商治理的原则，要关注青年群体的合理化诉求，必须将网络青年亚文化置于社会发展的宏观背景中，将其利益需求融入社会的整体利益格局分布中去，营造出充满活力的文化氛围和秩序井然的文化格局。

网络青年亚文化的引导和发展要以尊重青年群体的个性发展为前提，充分认识他们在网络空间具有的超前性与引领性，挖掘网络青年亚文化对青年的凝聚功能，释放网络青年亚文化对主流文化的映照功能。

第三节　网络思想政治教育话语的困境与应对之策

互联网时代，网络思想政治教育话语是网络思想政治教育活动开展

第四章　网络思想政治教育的现实困境与应对之策

的必然手段，彰显了意识形态的诉求，承载着教育信息的内涵，焕发着新时代的活力。随着网络信息技术的发展和变革，网络思想政治教育话语也面临一定的话语危机和话语困境，严重影响了网络思想政治教育的有效性。

习近平指出："我们必须科学认识网络传播规律，提高用网治网水平，使互联网这个最大变量变成事业发展的最大增量。"[①]因此，网络思想政治教育要主动突破教育话语的困境和危机，牢牢掌握网络思想政治教育的话语权，增强网络思想政治教育话语的权威。

一、网络思想政治教育话语面临的困境表现

（一）主流舆论的话语困境

互联网时代，新媒体技术的变革日新月异，网络思想政治教育的环境变得越来越复杂，再加上各种不确定因素的影响，网络思想政治教育话语的发展趋势出现了更多的不可控性。网络"主流媒体舆论场"面临着"把关人"地位弱化、话语权威被消解以及议程功能设置被弱化等困境。

1."把关人"地位被弱化

当前中国互联网上的舆论格局存在着"两个舆论场"与"三种话语体系"。"两个舆论场"为：党报、国家电视台、国家通讯社等"主流媒体舆论场"和依托于互联网等新兴载体的"民间舆论场"[②]。

网络"主流媒体舆论场"作为话语舆论引导的主体，是传递党的发声的主渠道，承担着官方"发声筒"的职责和功能，是网络信息筛选的"把关人"。"主流媒体舆论场"作为舆论宣传的主阵地和主力军，通过把握正确的舆论导向，以对社会热点、时事政治、敏感问题等内容的把握和

---

① 习近平. 举旗帜聚民心育新人兴文化展形象 更好完成新形势下宣传思想工作使命任务[N]. 人民日报，2018-08-23(1).
② 张帆."民意中国"的传播挑战与责任——"中国发展中的舆论形态学术研讨会"综述[J]. 新闻记者，2014(1)：84-87.

引导，充分发挥主流舆论的阵地作用，最广泛地调动人民群众建设中国特色社会主义事业的积极性和创造性，凝聚社会正能量，促进发展进步。

但是网络和新媒体的迅猛发展，信息获取和传播方式也发生了显著变化，传播手段更加多元，传播渠道更加通畅，传播速度更加迅速，"主流媒体舆论场"作为网络宣传、舆论引导、网络文化建设主力军的强势地位受到了新挑战，甚至在一些重大社会事件上出现了集体失声缺位的情况。这种"把关人"功能的日益弱化，可能会导致"主流媒体舆论场"失去了网络舆论发展中的主导地位，话语权威性也更受到了质疑。

2. 主流话语权威被消解

互联网是个完全开放的平台，信息海量，彼此传递，共享融通。但巨大的信息储量之中，质量可能参差不齐，真实与虚假之间的界限很难界定，而冗余信息也是越来越多。

网民沉浸于互联网信息海洋之中的同时，获取有价值信息的成本也会越来越高。特别是西方社会一直希望通过利用发达的新媒体传播技术和手段，分化甚至解构主流意识形态，达到削弱、动摇、瓦解我国社会主义根本地位的根本目的，损害国家长久的安全稳定。

对于这种意识形态的无形渗透，部分网民可能出于对主流舆论引导模式的天性抵制，"把关"作用发生失灵，主流话语权威性却被逐渐消解。网民的理性和非理性情绪此消彼长，非理性因素本身就热衷消解和颠覆权威，更有甚者引发一定的群体性危机，导致错误价值观的蔓延。

3. 议程设置功能被虚化

"议程设置"理论认为，媒体为受众所进行的设置议程，会影响和改变受众对事物重要性的认识。互联网时代，社会化媒体日益崛起，大数据、人工智能等高科技方兴未艾，这些现实因素都导致了大众传播模式被解构。

互联网空间中，"主流媒体舆论场"和"民间舆论场"并存，共同发展,让具有不同价值取向、审美偏好、兴趣选择的网民群体都能找到自己的归属感,建立对应的网络"圈层"。但是两个舆论场之间也会狭路相逢,遇到价值观不一致时,冲突的爆发不可避免,甚至针锋相对、水火不容。随着"民间舆论场"的兴起和发展,自下而上的信息表达成为占据网络传播的主要手段。

网络舆论的引导主体完成议程的判定,需要通过设置议程的功能来实现,这就和受众关注度的高低与否密切相关了。为了吸引受众的关注度和注意力,主流媒体会将"关注受众的关注"作为媒体议程设置的依据,媒体议程就有可能被网络议程所羁绊,甚至主导,从而媒体议程设置失去了主动权。网络议程如果被不断改写甚至重构,主流媒体的议程设置走向则更加困难,发生了缺位。

(二)不同话语体系的困境

张帆认为中国互联网有"三种话语体系",分别是传递政党主张、国家意志的治理者话语体系,网上活跃知识分子的批判性话语体系,社会上表达各种诉求的民间话语体系[①]。互联网的发展和新媒体的进步引发了不同话语体系之间的碰撞和交流,对立和冲突,成为网络思想政治教育的内在话语张力。

1. 网络话语权的争锋

网络社群的爱好不同、价值观不同,导致各个网络圈层之间具有天然的排他性,进而影响到不同话语体系之间的发展和走向。不同话语体系都想获得彼此之间的认同和意见一致,但是观点的冲突在所难免,冲突和博弈如果不能走向和谐,就会让不同话语体系各行其道,互不干涉,甚至是莫衷一是,激烈对立。

治理者话语体系希望拥有网络的绝对话语权,可以引导网络舆论的

---

① 张帆."民意中国"的传播挑战与责任——"中国发展中的舆论形态学术研讨会"综述[J]. 新闻记者,2014(1):84-87.

走向和进程。但是以网络精英阶层作为活跃知识分子代表的批判性话语体系则不甘示弱，希望通过自身所拥有的专业影响力，以"大V"的身份对社会热点、敏感事件等进行分析、研究和点评，实现观点的快速传播、转发和引用，成为网络舆论中的重要一环。网络草根代表的是民间话语体系，随着近年来影响力的不断扩大，挤压了网络的生存空间，在一定程度上削减治理话语体系的网络统领地位，让网络精英阶层们危机感倍增。

三种话语体系针对话语权的争锋日益加剧，让网络思想政治教育话语面临着严重的挑战，可能会成为网络思想政治教育有序发展的桎梏和瓶颈。

2. 网络治理日益复杂

不同于现实社会，互联网是个开放的虚拟空间，人人都"随时在线"，人人手里都有"麦克风"。来自不同社群、圈层的意见和建议，让民间话语体系的作用力、影响力不容小觑，可以为治理者话语体系和批判性话语体系提供信息来源，了解基层心声，是治理者话语体系的"晴雨表"和公共民主生活的"推进器"。

但是网络发声既可以是真实的，也可以是隐匿的，网络规范的监管、监督和治理会伴随网络空间的虚拟性出现一定的真空地带。由于网络上的匿名性，监管和规范同时存在一定真空，有些网民非理性的情绪发酵，会引发盲目、冲动、偏激的网络行为，甚至造成网络舆情，如果处置不当，网络舆情会引发现实社会的冲突和对立。

3. 网络话语存在失序可能

"现在，媒体格局、舆论生态、受众对象、传播技术都在发生深刻变化，特别是互联网正在媒体领域催发一场前所未有的变革。"[①]互联网引发了网络媒介的重大变革，新的媒介构成和运作范式构成了网络生态

---

① 习近平．坚持军报姓党坚持强军为本坚持创新为要　为实现中国梦强军梦提供思想舆论支持[N]．人民日报，2015-12-27(1)．

文明的新关系。不同话语体系通过沟通和交流，达成统一和一致，才能消除偏见，缓解冲突，因此良好的话语秩序对于网络思想政治教育发展来说至关重要。

但是，从现实发展的驱动来看，网络思想政治教育话语存在失序可能，会诱发网络思想政治教育的其他困难和挑战。网络虚拟空间，主客体之间的交互模式区别于现实社会。主体以何种话语模式开展对话和交往，对话的效果也会得到不同的呈现。但是如果针对不同话语体系的网络治理无法有效开展，那网络话语交往的规范和规则可能无法被很好遵守。此时，再加上主体如果因为外界诱因，受到了非理性情绪的驱使和影响，那三个话语体系之间的话语秩序则会失衡，话语表达的效果也是大打折扣，话语失范、话语失序和话语失衡现象就会发生。

从政治学角度上分析，基于三个话语体系之间对于话语以及话语权的争夺，话语失序问题的实质其实是在互联网属性的影响下，现实社会中的权力关系在网络空间中被隐匿①，归根到底话语失序还是话语权力的分配问题。网络社群源于不同偏好建立而成，有些人想说这些，有些人想说那些，有些内容可以说，有些内容又不可以说，有些人想这样说，有些人又想那样说，本质上就是"谁能说、说什么、如何说"的问题。

无论面临何种话语失序，如果第一时间处置不当则会引发话语危机。当话语表达出现失衡或者失序的时候，网络思想政治教育就要及时、快速、有效进行干预，避免负面影响的扩大，避免话语危机事件的发生。

二、网络思想政治教育话语的建构与转型

网络思想政治教育话语面临"把关人"地位被弱化、主流话语权威被

---

① 刘步升. 网络空间话语失序及其治理研究[D]. 郑州：郑州大学，2018：1.

消解、议程设置功能被虚化等困境。数字化时代，网络思想政治教育话语的建构和转型关系到党的前途命运和国家长治久安，是确保网络思想政治教育顺利展开的重要环节。因此，网络思想政治教育要牢固把握教育的话语权，深化话语内涵，推进范式转化，增强话语黏性，这既是加强网络思想政治教育建设的现实要求，又是增强网络思想政治教育有效性的必然抉择。

（一）网络思想政治教育话语要重视内涵建设

"当前，我国处于近代以来最好的发展时期，世界处于百年未有之大变局，两者同步交织、相互激荡。"[1]这一关于世界格局的重大论断，是中华民族伟大复兴的时代根基，也是网络思想政治教育的现实基础。

1. 构建网络思想政治教育话语共识

新时代的社会历史条件下，网络意识形态话语权的争夺异常激烈。网络思想政治教育话语的发展要以时代内涵为底色，以实现中华民族的伟大复兴为己任，凝聚国家进步发展、民族振兴富强的精神动力，构建起全新的网络文化空间和网络话语空间。

网络思想政治教育话语的鲜明主题是实现中华民族的伟大复兴，以生动的语言内容，丰富的实践形式开展中国特色社会主义和中国梦的教育，增强中华民族的认同感、自豪感。网络思想政治教育话语是话语行为的组织化，是社会交往行动的符号化，通过快速传播和互动，可以为受众提供更多的有效信息。通过提高话语吸引力，增强话语关注度，凝练话语内涵，可以在更大范围内获得受众的话语认同。

网络思想政治教育话语要致力于遵循一定的价值导向，构建话语共识。基于一定的价值判断基础，网络思想政治教育话语通过价值协商与过程选择，设定话语议程，建立文本框架，打造话语认知，这种从话语

---

[1] 习近平. 在中央外事工作会议上强调坚持以新时代中国特色社会主义外交思想为指导 努力开创中国特色大国外交新局面[N]. 人民日报，2018-06-24(1).

到认知的过程，就是要以实现中华民族的伟大复兴作为核心价值，形成全社会所共同遵循的价值典范与道德标尺。

网络思想政治教育话语只有把握时代发展的主流态势，形成伟大复兴中国梦的强大精神动力，才能既保证人才培养的政治方向不偏移，又坚持以人为本的教育规律不动摇，实现网络思想政治教育的及时性、有效性和针对性。

2. 构建网络思想政治教育话语对话机制

网络思想政治教育话语共识的形成要通过平等对话和平等协商。在话语和话语权的关系上，一味地控制或者是压制，不利于话语体系的和谐和稳定，也不利于网络思想政治教育的顺利展开。

网络思想政治教育话语的文本要选择内容和议题，通过对话、解释、叙事等多方策略，建构多元对话机制，实现冲突的化解、矛盾的平衡。通过充分而必要的讨论，预留足够的话语空间，可以吸引更多的教育主客体达到多元平衡，广泛参与和融入话语实践中来，进而推动网络思想政治教育的进步和发展。

（二）网络思想政治教育话语要重视范式转换

网络思想政治教育话语要重视范式转换集中表现为网络思想政治教育话语的生活化转向与主体间性转向。

1. 倡导话语范式的大众化、科学化和时代化

网络思想政治教育话语的生产、传播是个循序渐进的过程，要尊重一定的规律导向。互联网上的理论传播首先要遵循的就是"自愿"原则，受众可以根据自己的兴趣偏好进行学习内容的选择，而不是处于某种利害关系的导向。传统思想政治教育在社会进步和发展过程中发挥了巨大作用，但是填鸭式的理论教学也正在逐渐降低思想政治教育的有效性。互联网社会中，网络思想政治教育要倡导话语范式的大众化和时代化，则必须要以"生活化"的原则克服以往的流程缺陷，从而促进话语的效能。

网络思想政治教育话语范式的生活化转向,绝不是指庸俗化或是低俗化,而是话语对象要指向最广大的人民群众,不能作为精英阶层的话语体系,要用最朴实无华的语言表达,感染话语对象,提升他们的"代入感"和"认同感"。从内容上看,生活化转向要站在话语对象的角度上,进行换位思考,改为以往网络思想政治教育中的固定化思维定式,通过转换话语系统,建立共情机制。从形式上看,生活化转向可以利用图片、视频、音频、表情包等全媒体要素,丰富话语的表达形式,提高话语表达的效能,改变以往话语刻板单调的文本形式,用丰富的媒介表达唤起受众的兴趣和爱好。

同时,网络思想政治教育话语范式的生活化转向还需要契合网络虚拟空间中的人文精神诉求,实现具有实践意义上的交往有效性。在生活化转向的语言凝练过程中,取材于生活,取材于实践,取材于日常,通过去伪存真,去粗取精,由此及彼,由表及里,实现日常话语的提炼、转化与升华。

2. 倡导话语范式的主体间性转向

网络思想政治教育的理想形式是在教育主体、教育客体平等的基础上,以教育的温度、高度、效度,感染教育客体,实现教育目标。但是,现实层面,网络思想政治教育的话语范式却偏向了填鸭式、说教式和劝导式。这种状况,让话语表达略显苍白,教育实际效果难以达到理想状态,从而产生了脱钩。因此,主体间性的转向就要改变话语表达这种异化的一面,建立主体间性话语理论,实现原本的说教性话语模式向对话性话语模式的转型。

主体间性转向要在充分尊重教育主体的主动性和能动性的基础上,倡导教育主体和教育客体之间的平等地位,在公平、信任、开放的话语沟通中,实现教育客体的自我价值认同,提高教育客体自我学习、自我反思的能力和水平。

（三）网络思想政治教育话语要重视话语质量提升

网络思想政治教育话语的质量提升是个全方位的工程，主要表现为话语表达形式的质量提升和话语表达内容的质量提升。

1. 话语表达形式的质量提升

传统思想政治教育话语表达主要通过文本进行，采取单项式的教育模式，以填鸭式、说教式为特征。这种表达形式在很长时间内对凝聚民众的精神动力起到了巨大作用，但是互联网的出现，颠覆了以往时代的思想政治教育方式，深刻改变了社会存在的形式，实现了时间和空间的链接。

网络虚拟空间的横空出世，就是一把"双刃剑"，既为网络思想政治教育创造了无限之可能，也不可避免引发了新一轮的挑战。对网络思想政治教育而言，说教式的文本表达已经远远不能满足社会发展变化的需要，网络思想政治教育话语也要注重与时俱进，革故鼎新，以适应互联网时代的发展。

网络思想政治教育话语要有网络发展的客观特征和规律，因势利导，精准施策，进一步厘清教育的话语范式。多元的网络媒介话语语境下，网络思想政治教育的话语内容纷繁复杂，话语载体丰富多元，网民以话语为媒介，在网络空间进行意见表达和情感呼应，是互联网兴起发展的必然趋势，是话语实现时空转换的应然之举，也促进了网民主权意识的深层次激发和释放。

2. 话语表达内容的质量提升

网络思想政治教育话语表达内容的质量提升重点可以从话语文本方面加以改进。

首先，网络是对现实社会的映照，离不开现实社会这一存在根基。网络思想政治教育话语要结合中华民族五千年社会发展中的历史和文化，作为话语构建内容的重要参考。五千年文明灿烂而悠久，是历史发展留下的最浓墨重彩的那一笔。历史的传递构筑起了中国民众情感传递坚韧的纽带，网络思想政治教育话语从中充分汲取历史的传承和积淀，切准话语的融入视角，把准话语的融入内容，有利于文明的发展和创新。网络思想政治教育要正视听，明根本，克服虚无主义的倾向，以坚定的文化自觉、文化自信、文化自强，强化思想引领，赓续红色血脉，坚定道路选择，共同携手前行。

其次，网络思想政治教育话语表达要以内容为本，让语言的力量既体现"温度"，也体现"高度"，更体现"深度"。网络时代，海量信息并存意味着多元社会思潮存在角逐和竞争，受到诸多因素的影响，网络思想政治教育话语也面临着话语失语、话语失效等风险，感染力、传播力、影响力都打了折扣。一方面，网络思想政治教育的话语呈现可以逐步围绕不同内容、元素展开，坚持内容性与形式性的统一，思想性与艺术性的统一，坚持弘扬主旋律，传播正能量；另一方面网络思想政治教育话语要抵制低俗化、恶俗化、媚俗化、庸俗化，坚持真实表达，坚持完整呈现，时刻把握教育的根本政治方向。

结语

一、网络思想政治教育的演化进程

1962年互联网诞生于美国,直到1994年,中国才获准加入互联网,通过美国Sprint公司的64K专线与国际互联网接通之后,实现了互联网全功能的链接,正式步入互联网时代。

1998年7月8日,全国科技名词审定委员会公布了第二批56个信息科技名词,其中"互联网的用户"的中文名称被确定为"网民"。2000年,中国三大门户网站——搜狐、新浪、网易在美国纳斯达克挂牌上市,真正开启了中国互联网的快速发展时代。

二十多年以来,互联网深入到千家万户,改变着人们生产、生活和学习方式。我国互联网的应用技术更是突飞猛进,成为名副其实的互联网应用大国。从接入国际互联网,到国家各个领域都广泛应用互联网,民众对互联网的认识也越来越深刻。互联网已经深刻改变着国人的生活,成为国民经济发展的重要驱动力。今天,互联网已经成为社会的基础应用,渗透到人类生活的方方面面,在可预见的未来,它仍将成为人们获取信息以及提升工作生活效率的主要载体和重要方式。

互联网发展时代下,随着网络技术的迭代升级,网络社会的发展更加日新月异。习近平强调:"思想政治工作从根本上说是做人的工作,必须围绕学生、关照学生、服务学生,不断提高学生思想水平、政治觉悟、道德品质、文化素养，让学生成为德才兼备、全面发展的人才。"①从思想政治教育的学科发展来讲，"坚持思想政治教育，就是要使人们形成符合社会发展要求的思想政治品德，进而推动社会向前发展；在今天，就是要使人们形成社会主义意识，提高他们对社会主义现代化事业的认同感，调动他们参加社会主义现代化建设的积极性"②。

伴随着网络信息技术的快速发展，新时代网络思想政治教育的表达渠道日益多元，教育内涵也在不断丰富和发展，网络思想政治教育成为传统思想政治教育在网络另一端的生动呈现。网络思想政治教育是如何发展演变的？有哪些表现方式？相比传统思想政治教育而言，具有什么新的特征？网络思想政治教育的发展存在哪些现实困境？又该如何进行有效引导？如何优化未来的发展和创新路径？这些问题值得进一步思索与探讨。

二、网络思想政治教育的研究路径

（一）撰写思路

互联网已经成为民众主要社交平台和情感表达渠道，网络对思想观念、行为规范、价值取向的影响越来越深刻。作为时代弄潮儿，大学生活跃于互联网的各类社交媒体。互联网时代下，如何开展好网络思想政治教育工作，顺势而为，因势利导，是互联网蓬勃发展时代下思想政治教育面临的重要课题。

作为高校思想政治教育一线工作者，理应紧跟时代潮流，紧扣学生需求，把握工作规律，不断提升自身理论水平与业务能力，增强专业能力和素质，积极适应时代的发展变化，开展有价值、有深度、有层次、有文化的引领，以满足当代大学生的个性发展需求和心理期待，推进网

---

① 习近平. 把思想政治工作贯穿教育教学全过程 开创我国高等教育事业发展新局面[N]. 人民日报，2016-12-09(1).
② 张耀灿. 思想政治教育学科建设研究[M]. 北京：中国人民大学出版社，2017：204.

络思想政治教育的效果，实现立德树人的目标。

伴随着互联网的迅猛发展，大学生对于思想政治教育的需求已发生很大变化，不再局限于以往思想政治理论课上所灌输的内容。随着网络的开放和新媒体的发展，构建科学合理的网络思想政治教育具有时代紧迫性和现实性。围绕互联网时代下网络思想政治教育开展进行研究，对凝聚民族情感、抵御西方意识形态渗透有重要的理论和现实意义。

作者在撰写过程中，参考了众多业界导师、学者和专家的相关论著，汲取了许多的研究成果和经验，获得了浙江传媒学院众多思想政治教育一线工作同仁的支持，在此向他们致以最真挚的谢意。由于作者水平有限，书中难免存在瑕疵和不足，敬请各位专家、学者以及广大读者给予批评和指正，以便在今后的研究和实践探索中加以改进和完善。

（二）研究亮点

根据文献梳理可以发现，学界对于网络思想政治教育的研究呈现了较高的学理热情，研究成果也不断产出，研究成果较为丰富。伴随着互联网向更深层次的发展，5G时代的到来，意味着网络思想政治教育会面临更多的挑战，可以作为未来研究方向的一个增长点和亮点。

本书重点在于第四章、第五章的内容，通过分析网络思想政治教育面临的"圈层化"困境、"信息碎片化"困境、"话语式微"困境、网络意识形态安全困境等角度，从教育学、传播学、社会学等学科层面总结和反思基本经验，结合对网络思想政治教育发展的判断及规律性把握，明晰原则遵循、探究优化路径，为创新网络思想政治教育的研究提供范本。

本书希望通过立足网络思想政治教育的系统阐释和分析，结合互联网发展的背景以及5G时代的发展趋势，对于这一新兴学科的研究进行一定尝试和突破，但毋庸置疑，对于网络思想政治教育的研究在很多地方还有发展的空间和创新的可能。比如在学科研究上，可以尝试将网络思想政治教育与大数据、传播学、语言学等更多新兴学科或交叉学科相结合，密切关注学科建设最新走势，及时吸收学科建设的最新成果。坚定以教育教学促进学科建设、以学科建设支撑教育教学，努力实现学科之间的更深层次融合，增加科研含量和学科建设含量，实现跨学科专业的知识整合和发展，有效促进新研究方向的产生和新兴学科的发展，这也是保证网络思想政治教育学科创新发展的关键所在。另外，针对网络思想政治教育的创新研究，也可以在研究内容、研究视角、研究方向等层面进行突破，关于网络思想政治教育话语体系、网络思想政治教育实施路径、网络思想政治教育困境的应对与治理对策也亟须科学研究与理论指导，实现学科发展与学术研究的革故鼎新。

本书首先以中国古代开展德育的有益经验作为借鉴，研究脉络完整、思路清晰。但是在专著的撰写过程中，在研究时间、研究能力等方面存在限制，因此对于网络思想政治教育的解读还有待深化，可以从以下几个角度进行优化和完善：

一是国内外针对网络思想政治教育研究成果颇为丰硕，鉴于文献整理和阅读工作可能未能完全覆盖到本研究的全部内容，因此相对来说，文献综述和研究综述可能不是非常全面，需要在后期阅读和整理过程中，更加系统加以分类，并进行深入理解和完善。

二是对于网络思想政治教育的现实困境以及应对之策的研究，因为存在学科知识、专业背景、分析方法等方面的一定限制，同时受到互联网等信息技术的改变、网络时代的进步等客观现实的影响，也可能存在一定薄弱和欠缺之处。

三是研究所选择切入的视角，无法涵盖网络思想政治教育学科的所有方面，同时学科所面临的发展环境也会出现一定变动，因此对于一些研究内容、研究成果可以进行可持续化发展的论证和探讨，让学科成果更为饱满丰富。

综合来看，网络思想政治教育的发展是诸多矛盾共同推进的结果，比如教育主客体之间的关系、教育规律的演进、教育方法的变革、教育理念的创新等方面,对于这些矛盾对立统一体进行多元的解读和剖析,有利于探索新时代条件下网络思想政治教育学科发展的内在规律和丰富内涵,坚持将思想价值引领贯穿始终,遵循思想政治教育工作规律、网络育人规律和学生成长规律,打破时空格局,把每一个教育受众连接在一起,开启"思政云时代"的历史礼赞,彻底打破时空限制,实现网络思想政治教育的广挖掘、全覆盖、深耕耘。

三、网络思想政治教育的未来愿景

习近平在全国高校思想政治工作会议上指出,"做好高校思想政治工作,要因事而化、因时而进、因势而新。要遵循思想政治工作规律,遵循教书育人规律,遵循学生成长规律,不断提高工作能力和水平"[①],同时他还强调,"要运用新媒体新技术使工作活起来,推动思想政治工作传统优势同信息技术高度融合,增强时代感和吸引力"[②]。

网络思想政治教育作为一门新兴学科,是思想政治教育学科在网络社会中的延伸性发展,具有了无可替代的重要作用。全面理解和正确把握网络思想政治教育这一实践活动和社会现象,是深入网络思想政治教育学科研究的必然之路。

网络思想政治教育是思想政治教育的重要抓手和有力载体,通过有效利用网络虚拟空间的巨大承载性,将海量的教育内容、教育信息通过网络迅速、快捷、有效地向教育客体进行传播,最大限度地扩大思想政治教育的辐射范围和实践效能。因此从学科发展的思路来看,首先要明确分析网络思想政治教育产生根源、演化路径,进而理解和把握网络思想政治的教育特点、教育规律和教育手段,只有这样才能清晰树立起网

---

① 习近平. 把思想政治工作贯穿教育教学全过程 开创我国高等教育事业发展新局面[N]. 人民日报,2016-12-09(1).
② 习近平. 把思想政治工作贯穿教育教学全过程 开创我国高等教育事业发展新局面[N]. 人民日报,2016-12-09(1).

络思想政治教育学科的未来发展方向。

互联网发展迎来了 5G 时代，像一条无缝缝合的纽带，推动了物联网与人工智能、云计算、工业互联网等技术的无缝融合，赋予了物联网高速度、低时延、大连接、高安全性的特点，实现真正的"万物互联"。随着跟新一代信息技术的结合，特别是跟人工智能技术的结合，已经出现了智联网。

站在这样一个具有里程碑意义的节点上，回望过去网络思想政治教育的发展，勾画未来的发展图景，可以发现，网络思想政治教育，未来可期。只有主动迎接 5G 时代，成为这场变革的引领者、弄潮儿，将现实社会与网络空间的思想政治教育影响力有机结合，吸收和引入更多的教育主客体主动参与到网络思想政治教育和管理的全过程之中，从最广泛意义上实现教育目标与教育方略的转化，让网络思想政治教育不断焕发出新的生机和活力，进而引领新时代的思想政治教育迈向一个崭新的台阶！

参考文献

一、著作类：

[1]习近平．习近平谈治国理政：第1卷[M]．北京：外文出版社，2018.

[2]张再兴，等．网络思想政治教育研究[M]．北京：经济科学出版社，2009.

[3]檀江林，等．高校网络思想政治教育研究[M]．合肥：合肥工业大学出版社，2007.

[4]夏晓虹，王明泉．大学生思想教育研究[M]．济南：山东大学出版社，2007.

[5]陈少平．高校网络思想政治教育研究[M]．北京：中国书籍出版社，2015.

[6]洪涛．网络思想政治教育议程设置实践与创新[M]．北京：中国社会科学出版社，2021.

[7]徐新平．中国新闻伦理思想的演进[M]．北京：北京大学出版社，2019.

[8]张学鹏．新时代社会主义核心价值观与文化自信[M]．武汉：武汉大学出版社，2019.

[9]俞吾金．意识形态论[M]．上海：上海人民出版社，2009.

[10]郑永廷．思想政治教育方法论[M]．北京：高等教育出版

社，2010.

[11]郑永廷．社会主义意识形态发展研究[M]．北京：人民出版社，2002.

[12]郭玉锦，王欢．网络社会学[M]．北京：中国人民大学出版社，2010.

[13]黄少华，翟本瑞．网络社会学——学科定位与议题[M]．北京：中国社会科学出版社，2006.

[14]张耀灿，徐志远．现代思想政治教育学科论[M]．武汉：湖北人民出版社，2003.

[15]杨芷英，蔺桂瑞．大学生心理健康与人生发展：成长，从关爱心灵开始[M]．北京：高等教育出版社，2010.

[16]杨立英，曾盛聪．全球化、网络化境遇与社会主义意识形态建设研究[M]．北京：人民出版社，2006.

[17]杨立英．网络思想政治教育论[M]．北京：人民出版社，2003.

[18]谢新洲．网络传播理论与实践[M]．北京：北京大学出版社，2004.

[19]任艳妮．大学生思想政治教育传播有效性研究[M]．北京：中国社会科学院出版社，2019.

[20]骆郁廷．思想政治教育原理与方法[M]．北京：高等教育出版社，2010.

[21]骆郁廷．思想政治教育引论[M]．北京：中国人民大学出版社，2018.

[22]罗国杰．马克思主义伦理学的探索[M]．北京：中国人民大学出版社，2018.

[23]余龙进，等．中国特色社会主义理论与实践研究[M]．北京：北京师范大学出版社，2018.

[24]罗国杰．社会主义道德体系研究[M]．北京：中国人民大学出

版社，2018.

[25]刘建军. 寻找思想政治教育的独特视角[M]. 北京：中国人民大学出版社，2017.

[26]李永刚. 我们的防火墙：网络时代的表达与监管：expression and governance in the era of the internet[M]. 桂林：广西师范大学出版社，2009.

[27]李凌凌. 网络传播理论与实务[M]. 郑州：郑州大学出版社，2004.

[28]李希光. 畸变的媒体[M]. 上海：复旦大学出版社，2003.

[29]荆惠民. 思想政治工作概论[M]. 北京：中国人民大学出版社，2007.

[30]蒋宏，徐剑. 新媒体导论[M]. 上海：上海交通大学出版社，2006.

[31]李彬. 网络强国战略研究[M]. 郑州：郑州大学出版社，2022.

[32]胡冰. 众声喧哗：网络时代的个人表达与公共讨论[M]. 桂林：广西师范大学出版社，2008.

[33]赵志军，等著. 思想政治教育管理学[M]. 北京：中国社会科学出版社，2009.

[34]高鸣，等著. 网络文化与大学生思想政治教育[M]. 镇江：江苏大学出版社，2007.

[35]曾令辉，等著. 移动互联网运营实训[M]. 北京：人民邮电出版社，2022.

[36]黄庆生. 网络安全技术与应用[M]. 北京：《网络安全技术与应用》杂志社，2001.

[37]王小东. 信息时代的世界地图[M]. 北京：中国人民大学出版社，1997.

[38]司马云杰. 文化价值论：关于文化建构价值意识的学说[M].

济南：山东人民出版社，2003.

[39]杨鹏．网络文化与青年[M]．北京：清华大学出版社，2006.

[40]殷晓蓉．新闻传播学术精要[M]．上海：复旦大学出版社，2007.

[41]王树亮．网络政治文化理论构建与现实[M]．北京：中国社会科学出版社，2019.

[42]张海鹰，滕谦．网络传播概论[M]．上海：复旦大学出版社，2001.

[43]李正良．传播学原理[M]．北京：中国传媒大学出版社，2007.

[44]刘锐．新媒体赋权与治理[M]．武汉：华中科技大学出版社，2021.

二、论文类：

[1]庄园．新媒体时代大学生话语研究[J]．学校党建与思想教育，2019(20).

[2]周邦华．论新媒体语境下大学生思想政治教育的视角转向[J]．学校党建与思想教育，2016(18).

[3]郑保卫，唐远清．试论新闻传媒的公信力[J]．新闻爱好者，2004(3).

[4]张桢．新媒体环境下大学生思想政治教育载体探析[J]．高教探索，2016(2).

[5]张健．新媒体环境下大学生接受思想政治教育的特点与教育对策[J]．黑龙江高教研究，2019，37(7).

[6]曾瑜，李祥．新媒体时代的高校学生思想政治教育：现状、问题及对策[J]．继续教育研究，2016(3).

[7]禹规娥．议程设置：新媒体环境下大学生思想政治教育有效性探析[J]．广西师范大学学报(哲学社会科学版)，2011，47(5).

[8]姚锦云．高校网络信息传播对高校思想政治教育的影响及启示[J]．教育探索，2011(9)．

[9]杨海，王晓晓．试析新媒体时代高校思想政治教育的新特征及其创新[J]．学校党建与思想教育，2016(4)．

[10]李宪伦，朱小翠，章兵．论思想政治教育的话语逻辑、话语功能与哲学思维[J]．思想教育研究，2009(2)．

[11]徐璐，朱炳元．高校网络思想政治教育话语构建研究[J]．学校党建与思想教育，2019(22)．

[12]徐礼平．新媒体时代提升思想政治理论课实效性谫论[J]．学校党建与思想教育，2016(4)．

[13]吴华．新媒体视域下高校思想政治教育话语审视与重构[J]．教育评论，2016(9)．

[14]王新刚．论思想政治教育亲和力及其提升[J]．教学与研究，2019(8)．

[15]王晓丽．基于传播学理论模式的高校思想政治教育渠道研究[J]．国家教育行政学院学报，2014(9)．

[16]汪庆华．新媒体环境下高校思想政治工作的机遇、挑战与创新[J]．国家教育行政学院学报，2018(8)．

[17]万慧．利用新媒体创新高校思想政治教育的路径[J]．青年记者，2017(27)．

[18]沈壮海，史君．推动思想政治教育与信息技术的高度融合[J]．国家教育行政学院学报，2017(1)．

[19]佘双好．新时期思想政治教育学科建设的价值指针——学习习近平总书记关于思想政治工作的论述[J]．马克思主义理论学科研究，2017，3(1)．

[20]秦永和，徐璐．浅析新媒体时代大学生网络意见表达引导机制的构建[J]．思想教育研究，2017(2)．

[21]苗青．如何利用新媒体做好大学生的思想政治工作[J]．青年记者，2017(5)．

[22]蒙良秋．新媒体时代高校思想政治教育话语变革研究[J]．教育评论，2016(2)．

[23]毛赞美．高校运用新媒体开展思想政治工作的思考[J]．中国青年社会科学，2019，38(5)．

[24]马俊，王莉，胡找心．信息化背景下高校思想政治工作创新探究[J]．学校党建与思想教育，2018(12)．

[25]卢东祥，赵任凭．新媒体背景下大学生思想政治教育研究[J]．江苏高教，2017(12)．

[26]邓冲，王梅．新媒体、新时代与高校思想政治教育新方法[J]．中国高等教育，2019(7)．

[27]李思滨．浅谈新媒体在高校思想政治教育中的作用[J]．传媒，2017(17)．

[28]姜浩，张玉杰．论新媒体时代大学生思想政治教育的使命与创新路径[J]．学校党建与思想教育，2016(16)．

[29]贾绍俊，刘忠孝．大数据和新媒体时代高校思想政治教育功能拓展研究[J]．黑龙江高教研究，2017(12)．

[30]郑永廷，朱白薇．改革开放30年思想政治教育理论的丰富与发展[J]．思想政治教育导刊，2008(10)．

[31]詹恂．网络文化的主要特征研究[J]．社会科学研究，2005(2)．

[32]田霞，王晓莉．用社会主义核心价值体系引领大学生思想政治教育[J]．教育与职业，2010(11)．

[33]田霞，邢千里．论增强高校思想政治教育的实效性[J]．中国特色社会主义研究，2007(6)．

[34]饶世权，林伯海．习近平的人类命运共同体思想及其时代价值[J]．学校党建与思想教育，2016(7)．

[35]陶文昭.科学理解习近平命运共同体思想[J].中国特色社会主义研究,2016(2).

[36]戚万学.20世纪西方道德教育的历史发展及启示[J].教育实验与研究,1994(3).

[37]祝小宁,王有为.国外思想政治教育发展的启示[J].重庆邮电学院学报(社会科学版),2004(2).

[38]陈正桂.美国公民教育的特征及对我国思想政治教育的启示[J].思想政治教育研究,2010,26(3).

[39]李忠军.高校思想政治理论课教学应以实现"四个正确认识"为根本目标[J].思想理论教育导刊,2017(2).

[40]姜继红.网络文化与高校思想政治工作[J].高等教育研究,2002(1).

[41]骆郁廷.论大学生思想政治教育的社会化趋势[J].思想政治教育研究,2008(3).

[42]陈华栋,于朝阳,胡薇薇.国内外网络文化建设管理模式比较分析与借鉴思考[J].思想理论教育,2010(17).

[43]史铁杰,章靖平.高校德育工作如何应对网络环境的冲击[J].中国高教研究,2003(3).

[44]喻运斌.网络文化的特征及其对大学文化的影响分析[J].北京教育(高教版),2006(2).

[45]文永红,梁喜书.校园网络文化对中国高校教育的影响[J].石油教育,2004(6).

[46]孙彩平,左海云.网络文化时代学校道德教育的转向[J].河北师范大学学报(教育科学版),2008(1).

[47]许立新,田鹏慧.网络环境下高校德育工作新举措[J].道德与文明,2003(1).

[48]李冰.论网络文化的思想政治教育功能[J].电子科技大学学

报(社科版)，2003(1).

[49]龚小平，黄洪雷.近年来高校网络思想政治教育研究综述[J].思想理论教育导刊，2013(11).

[50]任小龙，沈强.自媒体与大学生思想政治教育路径创新研究[J].中国青年研究，2014(7).

[51]李德福.高校开展网络思想政治教育的困难及对策研究[J].思想教育研究，2014(1).

[52]李厚锐，朱健.媒介融合环境下高校网络思想政治教育创新[J].思想理论教育，2018(2).

[53]张治国.新媒体视域下高校网络思想政治教育的实践与思考[J].思想理论教育导刊，2016(11).

[54]杨洋，胡近.高校网络思想政治教育话语创新探析[J].中国电化教育，2018(9).

[55]刘显忠，代金平.论高校网络思想政治教育方法的创新[J].探索，2009(1).

[56]张杨，高德毅.算法推荐时代高校网络思想政治教育面临的挑战与应对[J].思想理论教育，2021(7).

[57]蒋春燕，孙祺.新时代高校网络思想政治教育的现实困境及发展路径[J].学校党建与思想教育，2021(12).

[58]郑永廷，胡梅花.思想政治教育学科的创立与发展——改革开放30年思想政治教育学科建设新成果[J].学校党建与思想教育，2009(1).

[59]曾长秋，薄明华.网络思想政治教育学：从问题意识走向理论建构[J].思想教育研究，2006(11).

[60]周志强.对构建网络思想政治教育学体系的思考[J].西南大学学报(社会科学版)，2008(1).

[61]赵维宏.用社会主义核心价值观引领网络文化建设[J].经济师，2020(12).

[62]宋元林.网络思想政治教育方法体系的构建[J].思想政治工作研究,2009(2).

[63]孙小礼,刘华杰.计算机信息网络给我们带来什么?[J].北京大学学报(哲学社会科学版),1997(5).

[64]冯沈萍.在网络上唱响思想政治工作主旋律[J].高校理论战线,2000(12).

[65]刘梅.思想政治教育的现代方式——论网络思想政治教育建设[J].河南师范大学学报(哲学社会科学版),2000(2).

[66]姜晓丽.大学生网络思想政治教育实效性评价体系研究[J].思想教育研究,2010(6).

[67]邓卓明.高校引领社会思潮的基本经验[J].高校理论战线,2009(11).

[68]韦吉锋,徐细希.网络德育工作微探[J].湖北社会科学,2001(10).

[69]黄晓芳.公信力与媒介的权威性[J].电视研究,1999(11).

[70]胡晓娟.新媒体时代高校网络思想政治理论课实践教学研究[J].教育与职业,2017(2).

[71]洪涛,张苗苗,马冰玉.新媒体背景下高校网络思想政治教育新思路——基于议程设置理论的解析[J].思想政治教育研究,2017,33(3).

[72]郭明飞,陈兰兰.论网络新媒体背景下高校意识形态管理[J].贵州社会科学,2016(5).

[73]顾栋栋.新媒体条件下思想政治教育工作的创新[J].理论视野,2016(8).

[74]盖逸馨,蔡治廷,赵正凯.利用新媒体加强对大学生的思想引领[J].理论视野,2016(6).

[75]傅才武,严星柔.论建设21世纪中华民族文化共同体[J].华中师范大学学报(人文社会科学版),2016,55(5).

[76]冯文岐，张涛．新媒体对高校思想政治教育的挑战及优化对策[J]．高教探索，2017(S1)．

[77]范益民．新媒体视域下高校思想政治教育研究范式转换的探索[J]．继续教育研究，2016(3)．

[78]官孙平．新媒体背景下高校思想政治教育教学改革探究[J]．哈尔滨职业技术学院学报，2018(6)．

[79]陈先红．论新媒介即关系[J]．现代传播(中国传媒大学学报)，2006(3)．

[80]陈力丹．从舆论导向视角看舆论的基本要素[J]．新闻大学，1997(3)．

[81]谭安捷．新媒体环境下大学生媒介素养教育与思想政治教育的有效融合[J]．新闻传播，2018(18)．

[82]丁小龙．网络对高校学生思想政治教育的影响及对策思考[J]．重庆工学院学报，2004(1)．

[83]陈赞，陈晓强．网络环境的特征及其道德治理策略[J]．江苏教育学院学报(社会科学版)，2004(6)．

[84]陈晓明．谈高校思想政治教育评价体系网络信息技术化的特点[J]．思想理论教育导刊，2003(6)．

[85]郭巍巍．新时代高校思想政治教育网络育人的价值意蕴和有效路径[J]．黑龙江教师发展学院学报，2022，41(6)．

[86]黄健，王东莉．论网络文化传播的失范与规则重建的基本原则[J]．自然辩证法研究，2001(2)．

[87]李辽宁．思想政治教育功能研究综述[J]．求实，2005(1)．

[88]李一．网络沉溺的生成机制及社会对策[J]．广东社会科学，2002(5)．

[89]陈红莲．网络传播环境下传播理论与高校思想政治教育的契合[J]．新闻知识，2012(2)．

[90]常素芳.背离到融合：新媒体时代下高校思想政治教育创新困境及消解[J].教育探索,2016(5).

[91]谭伟.网络舆论概念及特征[J].湖南社会科学,2003(5).

[92]王克岩.网络思想政治教育载体对大学生价值观的影响研究[J].佳木斯职业学院学报,2019(8).

[93]魏荣.关于大学生网络道德素质问题的思考[J].合肥工业大学学报(社会科学版),2004(6).

[94]夏晓虹,张宇.加强网络舆论引导,有效开展网络思想政治教育工作[J].理论学刊,2005(9).

[95]郑洁.试论思想政治教育进网络的内涵、意义及途径[J].理论月刊,2003(4).

[96]张宇明.论思想政治教育评价的新形式：网络评价[J].学校党建与思想教育,2003(7).

[97]钟贤.思想政治教育评价原则的思考[J].学校党建与思想教育,2006(11).

[98]周涛.网络舆论环境下的高校思想政治教育研究[D].成都：西南财经大学,2011.

[99]胡恒钊.高校网络思想政治教育实施方法研究[D].北京：中国矿业大学,2012.

[100]李丹丹.网络文化环境下大学生思想政治教育研究[D].沈阳：辽宁大学,2016.

[101]张瑜.校园网络亚传播圈及其思想政治教育应用研究[D].北京：清华大学,2004.

[102]杨果.网络思想政治教育规律论[D].长沙：湖南大学,2016.

[103]李宝妍.大数据时代大学生网络思想政治教育创新研究[D].哈尔滨：哈尔滨师范大学,2020.

[104]王丽君.大学生网络思想政治教育研究[D].西安：陕西师范

大学，2018.

[105]封莎．网络环境下思想政治教育要素理论丰富化研究[D]．长春：东北师范大学，2016.

[106]翟中杰．高校网络思想政治教育过程研究[D]．西安：西北工业大学，2017.

[107]李蓝冰．网络信息技术进步与思想政治教育发展研究[D]．北京：中央财经大学，2016.

[108]丁科．网络思想政治教育主体间性研究[D]．成都：电子科技大学，2014.

[109]李丽．网络思想政治教育话语权研究[D]．长春：东北师范大学，2018.

[110]董兴彬．网络思想政治教育文本研究[D]．成都：电子科技大学，2019.

[111]谭泽春．网络思想政治教育的主客体研究[D]．武汉：武汉大学，2017.

[112]李淑娜．大学生网络思想政治教育接受机制研究[D]．北京：中国地质大学，2017.

[113]连晓龙．网络思想政治教育发生研究[D]．上海：华东师范大学，2021.

[114]赵玉枝．网络思想政治教育的发展演进及规律研究[D]．北京：中央财经大学，2020.

[115]贺祖松．略论邓小平青年思想政治教育的主体和客体[D]．重庆：重庆师范大学，2008.

[116]谢振桦．大学生网络思想政治教育现状及对策研究[D]．重庆：西南大学，2010.

[117]温勒．高校网络思想政治教育存在的问题及其对策研究[D]．重庆：西南大学，2007.

[118]李文春. 高校网络思想政治教育的现状及对策研究[D]. 太原：中北大学，2021.

[119]付馨瑶. 新时代大学生网络思想政治教育存在的问题及对策研究[D]. 长春：长春工业大学，2021.

[120]迟超群. 新时代高校网络思想政治教育话语权建构研究[D]. 沈阳：沈阳师范大学，2021.

[121]王春凤. 新时代大学生网络思想政治教育方法创新研究[D]. 武汉：中南民族大学，2019.

[122]王云霞. 新时代高校网络思想政治教育发展问题研究[D]. 南京：南京工业大学，2019.

[123]陈文强. 高校网络思想政治教育现状及策略研究[D]. 昆明：云南师范大学，2018.

[124]刘慧. 高校网络思想政治教育的现实困境及对策研究[D]. 沈阳：沈阳师范大学，2017.

[125]张嵩迎. 高校网络思想政治教育研究[D]. 济南：山东大学，2017.

[126]王欣玥. 网络思想政治教育话语体系问题研究[D]. 成都：电子科技大学，2016.

[127]张晶晶. 高校网络思想政治教育方法研究[D]. 芜湖：安徽工程大学，2015.

[128]李丹宁. 高校网络思想政治教育的实施路径研究[D]. 杭州：浙江理工大学，2015.

[129]杨雯. 当前大学生网络思想政治教育现状及对策研究[D]. 重庆：西南政法大学，2014.

[130]杨雪松. 大学生网络思想政治教育现状及对策研究[D]. 郑州：河南农业大学，2013.

[131]陈媛. 大学生网络思想政治教育存在的主要问题及对策研究[D].

重庆：西南大学，2012.

[132]杨珍妮．网络思想政治教育实施方法发展探究[D]．武汉：华中师范大学，2012.

[133]何良伟．网络思想政治教育的教育者与受教育者关系研究[D]．重庆：西南大学，2012.

[134]邓望．高校网络思想政治教育存在的问题及对策研究[D]．长沙：湖南大学，2011.

[135]朱力．论网络舆情监管与大学生思想政治教育[D]．北京：北京交通大学，2010.

[136]黄娜娜．大学生网络思想政治教育生活化模式研究[D]．湘潭：湖南科技大学，2010.

[137]张雨田．高校网络思想政治教育工作研究[D]．长春：东北师范大学，2009.

[138]王日升．新时代高校网络思想政治教育新探[D]．长春：东北师范大学，2009.

[139]包月英．网络环境下大学生思想政治教育问题研究[D]．石家庄：河北师范大学，2008.

[140]张凯威．网络时代对思想政治教育提出的挑战与对策[D]．长春：长春理工大学，2007.

[141]徐绍华．高校网络思想政治教育的实效性分析[D]．北京：清华大学，2004.

[142]胡丽红．高校网络思想政治教育价值研究[D]．武汉：武汉大学，2004.

[143]郭娟．自媒体时代大学生主流意识形态教育面临的问题及对策研究[D]．长春：东北师范大学，2019.

[144]崔宏博．新媒体对大学生思想政治教育的影响与对策研究[D]．长春：东北师范大学，2019.

[145]陈顿.大数据时代高校思想政治工作路径创新研究[D].成都:电子科技大学,2019.

[146]李双超.网络"圈层化"对大学生思想政治教育的负面影响及对策研究[D].天津:天津师范大学,2022.

[147]王南妮.网络信息"圈层化"对大学生思想政治素质的影响研究[D].重庆:重庆工商大学,2019.